Phil Bosmans

Vergiß die Freude nicht

Herder Freiburg · Basel · Wien

Ein Wort zuvor

Wir haben schon miteinander am Telefon gesprochen.
Hier sind jetzt deine ‚Vitamine', als Buch verpackt.
Ich weiß: Mit freundlichen Worten
ist nicht immer zu helfen.
Ich höre aber nicht auf, denn du hast gefragt,
und in der Frage war etwas
wie eine Klage und eine Bitte.

Den unsichtbaren Unbekannten, die anrufen,
kann ich im Grunde immer nur dasselbe sagen
wie ein dummer Prophet, der in den Wind sät,
der nicht weiß, wo der Acker liegt,
immer denselben Samen,
der auch ihm von anderen in die Hand gelegt wurde.

Eigentlich bin ich nur ein kleiner Kobold,
der dir in den Ohren liegt,
wenn du an deinem gedeckten Tisch sitzt,
bei Besprechungen, über Geschäftspapieren,
hinter deiner Zeitung, vor deinem Fernsehen,
wenn die Götter von heute dir den Blick verblenden
und den Kopf verdrehen –
der dir in den Ohren liegt
immer mit der stummen Frage nach dem ‚Herzen'.

Soviel weiß ich aber:
Ein einziges Wort,
wenn es nur ins Herz dringt –
dann wird das Herz verwandelt.
Das alles kann ein Wort werden:
eine Geburt,
ein Stück Brot für einen neuen Anfang,
ein Stern, der vom Himmel fällt.

Inhalt

3 Ein Wort zuvor
6 Zeit, um glücklich zu sein
9 Keiner ist gekommen
10 Tag für Tag dasselbe
11 Wer lacht einmal?
12 Geh in dich hinein
13 Nichts ist ohne Sinn
14 Mit einem lachenden Auge
15 Glückliche Menschen
16 Wo sind die Blumen geblieben?
18 Es liegt an deinem Herzen
20 Für Stille sorgen
21 Die eine und die andere Art zu leben
23 Was reich macht und glücklich
24 Im Rhythmus des Meeres
26 Ich habe kein Glück
28 Ohne Lachen läßt sich nicht leben
29 Liebe und Freundschaft
30 Da muß man durch
31 So nahe
32 Und was du brauchst, ist Liebe
33 Im Regen pfeifen
34 Arm sein
36 In der Sonne parken
37 Versöhne dich mit dem Leben
38 Du weißt ...
40 Ein Bild
43 Ein Freund
44 Sich kümmern
46 Gastfreundschaft
49 Keine Katastrophe
50 Aufwachen
51 So ist es mit der Liebe
52 Warum?
55 November
56 Die Kunst des Lebens
58 Reden ist ›in‹
60 Was bringt's?
62 Denke an sie

4

63 Wenn ich es küssen kann,
   kann ich vielleicht schlafen
64 Fehler bei meinen Menschen
67 Tu etwas für dein Gesicht
68 Menschen in der Stadt
70 Das ist herrlich
72 Bildung
73 Ein verdorbener Tag
74 Hab die Menschen gern
76 Liebe gibt es nur umsonst
78 Babel
80 Wieviel ist 1 + 1?
82 Verliebt
85 Ohne Gesicht, ohne Herz
86 Er ist Liebe
88 In jedem Menschenleben
90 Wo das Herz zu Hause ist
91 Ein Begriff und viel Verwirrung
92 Einsamkeit
94 Täglich miteinander leben
95 Heraus aus dem Dschungel
96 Mehr denn je
97 Muttertag
99 Trost
99 Woran du zugrunde gehst
100 Fieber
101 Womit Liebe zu tun hat
102 Das schönste Geschenk
104 Geborgenheit
105 Mit dem Herzen rechnet ein Computer nicht
106 Vergiß die schönen Tage nicht
108 Erziehung
109 Liebe und Sexualität
111 Kinder müssen mit den Großen viel Geduld haben
112 Jeden Tag Sonne
113 Pessimismus
114 Da gibt es nur einen Weg
116 Geh in den Wald
118 Mensch, ich hab' dich gern

Zeit, um glücklich zu sein

Guten Tag, mein Lieber,
nimm dir Zeit, um glücklich zu sein!
Du bist ein Wunder, das lebt,
das auf dieser Erde wirklich ist.
Du bist einmalig, einzigartig,
nicht zu verwechseln.
Weißt du das?

Warum staunst du nicht,
bewunderst du nicht,
freust du dich nicht
über dich selbst
und über alle anderen um dich?
Ist es dir so selbstverständlich,
findest du nichts dabei,
daß du lebst,
daß du leben darfst,
daß du Zeit bekommst,
um zu singen und zu tanzen,
Zeit, um glücklich zu sein?

Warum denn Zeit verlieren
mit sinnlosem Jagen nach Geld?
Warum sich haufenweise Sorgen machen
um Dinge von morgen und übermorgen?
Warum sich zanken, sich anöden,
warum in sinnloser Betriebsamkeit machen
und warum schlafen, wenn die Sonne scheint?
Nimm dir ruhig Zeit, um glücklich zu sein.

**Zeit ist keine Schnellstraße
zwischen Wiege und Grab,
sondern Platz zum Parken in der Sonne.**

Heute leben!
Heute lächeln!
Heute glücklich sein!
Dein Herz mach frei.
Deine Lebensfreude und dein Glück
brauchen nicht abhängig zu sein
von tausendundeiner Nichtigkeit.

Keiner
ist gekommen

Schmitz ist auf der Straße zusammengebrochen.
Tot.

Viele Neugierige.
Der Verkehr stockt.
Ein Krankenwagen kommt
und bringt ihn in die Leichenhalle.
Man wartet auf einen Angehörigen,
auf einen Freund, einen Bekannten
drei Tag lang.

Keiner kommt. Man legt ihn in eine Art Kühltruhe.
Ein seltsames Symbol:
Kühltruhen für Menschen, die man vergessen hat.
Man wartet vierzehn Tage lang.
Immer noch kommt keiner.
An einem Nachmittag
wird er mit dem Leichenwagen
auf den Friedhof gebracht und begraben,

**eine Fundsache,
die keinem gehört.**

Schmitz war ein Mensch,
allein in der Stadt,
von den anderen Menschen
schon längst begraben.

Tag für Tag dasselbe

Menschen werden krank vor Langeweile,
lebensmüde.
Das Haus ist voll eingerichtet.
Der Tisch ist voll gedeckt.
Es kommt kein ‚neuer' Tag.
Die Mauern starren vor Kälte.
Alles ist dichtgemacht.
Niemals dringt da neues Leben ein.

Menschen werden krank vor Langeweile.
Sie sehen keine Blumen mehr,
sie hören keine Vögel mehr.
Ihr Papagei und das Hündchen mit Häkelweste
sind genauso tot wie sie selbst.

Menschen gehen abends aus,
machen nachts durch bis zum Morgen,
um zu schlafen, wenn die Sonne scheint.
Sie gehen zum Doktor,
zum Nervenarzt, zum Psychiater.
Niemals fühlen sie sich richtig wohl.

Es gibt Leute, die Licht verbreiten.
Und es gibt Leute,
die alles finster machen.

Wer
lacht einmal?

Warum legt keiner richtig los
mit einem Riesengelächter
in der Festversammlung, vor dem Fernseher,
beim feierlichen Empfang,
wenn er sieht,
wie tierisch ernst sich manche Menschen nehmen,
wie sie sich aufblähen,
wie sie schwitzen, wie sie zahlen
für ihre feine Fassade?

Wenn er sieht,
wie sie im Labyrinth der Eitelkeiten herumstolzieren,
wie sie pseudo-wissenschaftlich
und mit fürchterlichem Ernst
die wahren Werte des Lebens heruntermachen
und sich interessant finden als kleinkarierte Egoisten?

Geh in dich hinein

Stundenlang kannst du dein Auto putzen
Zum Kleiderkaufen hast du Zeit genug.
Wenn es um die Frisur geht,
unter der Trockenhaube wirst du nicht nervös.
Warum nimmst du dir so wenig Zeit,
um dein Herz zu ‚versorgen‘?

Wenn du einzig und allein an der Oberfläche lebst,
wenn dich nur dein Außen interessiert,
deine Aufmachung, dein Aussehen und dein Ansehen,
dann hängt dein Glück an einem launischen Pendel:
heute glücklich, morgen unglücklich,
heute in Stimmung, morgen verzweifelt.

Geh in dich hinein.
Mach was für dein Innen,
für die ‚Inneneinrichtung‘ deines Herzens.
Da sind die Stimmungen, die treibenden Kräfte zu Hause,
die dich verwirren
oder überglücklich machen.

Nichts ist ohne Sinn

Meine Augen sind da für das Licht,
für das Grün des Frühlings, für das Weiß des Schnees,
für das Grau der Wolken und das Blau des Himmels,
für die Sterne in der Nacht
und für das unglaubliche Wunder,
daß es soviel wunderbare Menschen um mich gibt.

Mein Mund ist da für das Wort,
für ein gutes Wort, auf das ein anderer wartet.
Meine Lippen sind da für einen Kuß
und meine Hände, um zärtlich und sanft zu sein,
um einem Armen Brot und Trost zu geben.
Und meine Füße, um den Weg zum Nächsten zu gehen.
Mein Herz ist da für die Liebe, für die Wärme,
für jene, die in Einsamkeit und Kälte leben.

Ohne Leib bin ich nirgends.
Ohne Sinn ist nichts.
Alles hat seine tiefe Bedeutung.
Warum bin ich dann nicht glücklich?
Sind meine Augen zu?
Ist mein Mund bitter?
Sind meine Hände herzlose ‚Greifer'?
Oder ist mein Herz vertrocknet?

**Weiß ich denn nicht,
daß ich für die Freude gemacht bin?**

Mit einem lachenden Auge

Fällt dir das Leben einmal zu schwer,
probiere ein bißchen,
einen Clown nachzumachen,
der in seinem Herzen weint
und dennoch lachend
für ein Kind auf der Geige spielt,
um so
von den Tränen seines Herzens
geheilt zu werden.

Glückliche Menschen

Das Glück des Menschen –
ich habe seine tiefsten Gründe gesucht,
und das habe ich herausgefunden:
der Grund liegt nicht im Geld,
nicht im Besitz, nicht im Luxus,
nicht im Nichtstun, nicht im Geschäftemachen,
nicht im Leisten, nicht im Genießen.

Bei glücklichen Menschen
fand ich immer als Grund
tiefe Geborgenheit,
spontane Freude an den kleinen Dingen
und eine große Einfachheit.

Ich habe mich immer gewundert:
Bei glücklichen Menschen fehlt
die verrückte Gier.
Niemals fand ich bei glücklichen Menschen,
daß sie ruhelos, gehetzt, getrieben waren,
niemals den Hang zur Selbstherrlichkeit.
Gewöhnlich besaßen sie
eine gehörige Portion Humor.

Wo sind
die Blumen geblieben?

Sag: Wo sind die Blumen geblieben?
Die Blumen der Lebensfreude,
die Blumen der schönen und der guten Dinge –
in der Tagesschau, in der Tageszeitung,
in den Tagesgesprächen?
Sie sind erstickt und gestorben
in der Lawine von Haß- und Gewaltnachrichten,
von Mord- und Skandalgeschichten.
Niemand hat die Blumen gesehen.
Niemand hat von ihnen gehört.
Sie sind erstickt und gestorben
auf den Lippen der Unglückspropheten,
in der Brieftasche der Leute,
die auf Sensationen spekulieren.

Sag: Wo sind die Blumen geblieben?
Die Blumen der kleinen Aufmerksamkeiten,
daß man aneinander denkt
und daß man einander beschenkt –
der Mann seine Frau,
die Frau ihren Mann,
einer den anderen,
alle einander?
Sie sind eingegangen an unserer Eigensucht,
verkümmert an unserer kindischen Gereiztheit.
Sie wurden zertreten
beim kalten Krieg in unseren vier Wänden.

Sag: Wo sind die Blumen geblieben?
Die Blumen der Geborgenheit,
die uns fröhlich machen,
die wir uns schenken können?
Hier ist dein Herz,
und da ist ein Mensch, der dich braucht:
Leg Blumen bereit!

Warum haben so viele Menschen nichts vom Leben?
Weil sie keine Freunde haben.
Weil sie keinen kennen, der zu ihnen hält.
Weil sie kein Zeichen sehen, daß sie einer mag.
Weil keine Blume da ist, die für sie blüht.
Und dabei wirken Blumen doch Wunder!
Es müssen nicht die kostspieligen Blumen sein.
Gewöhnliche, einfache Blumen:

**ein Lächeln, ein gutes Wort,
eine kleine Geste.**

Die geringste Blume, die von Herzen gegeben wird,
erzählt eine schöne Geschichte,
ein Märchen sonder Maßen
von einem Stückchen Himmel auf Erden,
wo die Menschen Engel sind,
wo alle Ängste, Schmerzen und Tränen
ihren Trost finden,

**wo die Menschen
füreinander blühen wie Blumen.**

Es liegt an deinem Herzen

Mehr als mit dem Verstand denkst du mit dem Herzen.
Du siehst die Menschen und die Dinge mit dem Herzen.
Alles siehst du mit dem Herzen. Dein Verhältnis zu deiner Umgebung: Es liegt an deinem Herzen. Was dein
Herz mag, dafür wirst du dich einsetzen mit ganzem
Kopf und aller Kraft. Ideen, Weltanschauung, Politik:
Dein Herz wählt, wofür du kämpfst. Das Herz macht
den Verstand hell, oder es macht ihn finster. Das richtige Maß des Herzens heißt: *Liebe.*
Ist das Herz voll von Mißtrauen und Egoismus, dann
findet der Verstand niemals einen Weg zum Frieden.
Das ist im übrigen die einzige Antwort auf alle Fragen
nach den Früchten der endlosen Friedenskonferenzen,
der runden und der grünen Tische. Die Leute lieben sich

nicht, und dann werden sie sich auch nicht einig. Alles,
was sie erreichen: ein labiles Gleichgewicht der Macht-
interessen, gestützt auf gegenseitiges Mißtrauen. Dazu
sollte man nicht Frieden sagen, wenn er nicht mehr be-
deutet als gequältes Zusammensitzen der Völker wie
auf einem brodelnden Vulkan oder gereiztes Zusam-
menwohnen der Personen unter einem Dach.

Friede, Freude, Glück in der Welt – das sind keine Ge-
schäfte des Verstandes, das ist Sache des Herzens. Ob
man kommunistisch oder sozialistisch oder christlich
zusammenlebt – alles ist im Grunde faul, ist das Herz
der Menschen nicht gesund. Die erste Aufgabe für alle
Menschen:

Kümmere dich ums Herz!   19

Für Stille sorgen

Wenn du mal fünf Minuten Zeit hast,
weißt du, was du dann tun mußt?
Mal nachdenken!
Mal für Ruhe sorgen um dich herum.
Radio und Recorder abstellen, Fernseher ausmachen,
die Illustrierte, die Zeitung weglegen.
Ausschalten!

Mach dich frei
aus den Fängen der Konsumgesellschaft,
die mit den Rüsseln ihrer Reklame
den letzten Rest Freiheit und Geist aussaugt:
eine Riesenkrake.

**Ruhe schaffen, still werden,
das Innen mit Schweigen füllen,
den Puls des eigenen Herzens fühlen.**

Du mußt wissen, wie weit es schon abgestorben ist,
verendet im Würgegriff von Geld, Konsum, Profit,
beerdigt im Massengrab der Meinungen.

Du bist groß im Reden,
läßt Appelle los, legst Proteste ein.
Die Armen der Dritten Welt,
die Armen bei uns haben nichts
von deinem Diskutieren und Protestieren
und von deinen schlauen Vorschlägen.

Sie werden davon angeekelt, weil sie wissen:
Du ertrinkst am Überfluß dessen,
was sie so bitter entbehren.
Sie werden dich erst wieder ernst nehmen,
wenn der Puls deines Herzens richtig schlägt.
wenn das Profit- und Konsumfieber herunter ist.
Ich weiß etwas gegen dieses Fieber,
vielleicht das einzige Mittel, das hilft:
20   Mut zu Verzicht und Maß.

Die eine und die andere Art zu leben

Du machst den Führerschein.
Du liebst die Mode.
Du lernst Sprachen.
Du kennst dich in der Technik aus.
Du beschäftigst dich mit vielen Dingen.
Doch eines Tages sitzt du fest.
Alles hast du gelernt, nur nicht: leben.

Vorankommen, Karriere machen,
Geld verdienen, amüsieren, profitieren:
Das hat man dir beigebracht,
und vor allem viel haben.
Als ob das Glück am Haben hängt!
Menschen sind wie Raubtiere
in einem Dschungel, der nirgends aufhört,
auf Jagd nach Besitz und Genuß,
nach „Brot und Spiel".
Frei meinen sie zu sein,
und fest liegen sie an der Kette ihrer Gier.

Es gibt zweierlei Art zu leben:
Die eine beginnt mit Beherrschung des Ich,
und sie endet im Fest.
Die andere fängt mit Feiern an,
und ihr Ende heißt:
Kater, Kopfweh, Leiden am Leben,
Frustrationen und Neurosen aller Art.

Briefe, Anrufe, Gespräche versetzen mich in den Dschungel, in dem Menschen sich gegenseitig erniedrigen, quälen, zur Verzweiflung bringen. Hier triumphieren die unmenschlichen Instinkte des Menschen: Gier, Egoismus, Mißbrauch der Macht, Triebhaftigkeit, Heuchelei, Gewalt... Wenn ich dann ohnmächtig bei den vielen Opfern sitze, die am Ende ihrer Kräfte sind und mit ihrem Leben Schluß machen wollen, dann möchte ich in diesem Dschungel schreien:

Zurück, Menschen!
Zurück zum einfachen Leben,
zu den einfachen Dingen des Lebens!
Zurück zur Güte, Freundschaft,
Zufriedenheit!

Was reich macht und glücklich

Kannst du dich an einer Blume freuen,
an einem Lächeln, am Spiel eines Kindes,
dann bist du reicher und glücklicher
als ein Millionär, der alles hat,
was er sich nur träumen kann,
und der doch unbefriedigt bleibt
und an nichts mehr Freude hat,
weil er wie ein Paradegaul gegängelt wird
von den Strängen seines eigenen Reichtums.

**Nicht Besitz macht reich,
sondern Freude.**

Liebe nicht mit der Goldwaage wiegen!
Nicht vorher ausrechnen, wie viel du geben sollst,
wie weit du gehen sollst mit deiner Liebe.
Laß deine Liebe ungezwungen sein.
Liebe, die man mißt und wiegt,
ist keine Liebe, sondern Berechnung.
Damit machst du keine Freude.
Mit solcher Liebe wirst du nicht glücklich.
Mag sein, daß kein Krieg herrscht,
aber es herrscht Gleichgültigkeit, Langeweile.
Die Tage vergehen eintönig und öde
wie eine endlose Bahnfahrt.
Niemals wird es warm in deinem Innern.
Niemals hast du Lust, zu singen und zu springen.
Spontane Liebe ist etwas Phantastisches.
Spontane Liebe zu deinem Mann, zu deiner Frau,
zu deinen Kindern, zu Vater und Mutter,
zu einem einsamen Kind auf der Straße,
zu einem Menschen, der leidet,
zu einem, der abgelehnt wird.

Spontane Liebe ist eine Gabe,
die dich in den Himmel der Freude bringt.

23

Im Rhythmus des Meeres

Seltsames, unbegreifliches Menschenleben.
Jahr um Jahr, Tag um Tag
bewegst du dich zwischen Menschen und Dingen.
Es gibt Tage, da scheint die Sonne,
und du weißt nicht warum.
Du bist zufrieden.
Du siehst die guten, schönen Seiten des Lebens.
Du lachst, du bist dankbar,
du möchtest vor Freude springen.
Die Arbeit geht dir von der Hand.
Alle sind freundlich zu dir. Du weißt nicht warum.
Vielleicht hast du gut geschlafen.
Vielleicht hast du einen guten Menschen gefunden
und fühlst dich verstanden, geborgen.
Du denkst: So soll es bleiben,
dieser Friede, diese tiefe Freude.

Doch auf einmal ist alles wieder anders.
Als ob eine überhelle Sonne die Wolken anzieht –
derart fällt Trauer über dich, unerklärlich.
Dir erscheint alles wieder schwarz.
Du meinst, daß die anderen nichts mehr an dir mögen.
In Belanglosigkeiten suchst du Gründe,
um zu jammern, zu nörgeln, zu beneiden, anzuklagen.
Du denkst: So wird es immer weitergehen,
dieser Zustand wird sich nicht mehr ändern.
Und du weißt nicht warum.
Vielleicht bist du müde. Du weißt es nicht.

Warum muß das so sein?
Weil ein Mensch ein Stück ‚Natur‘ ist,
mit Frühlingstagen und Herbsttagen,
mit der Wärme des Sommers
und der Kälte des Winters.
Weil der Mensch dem Rhythmus des Meeres folgt:
Ebbe und Flut.
Weil unser Dasein eine ständige Wiederholung ist
von ‚Leben‘ und ‚Sterben‘.

Wenn du das begreifst, kannst du wieder weiter
mit Mut, voller Vertrauen, denn dann weißt du:
Auf jede Nacht folgt ein neuer Morgen.
Wenn du dazu ja sagst, wenn du das hinnimmst,
wirst du durch dieses Auf und Ab
zu immer größerer Lebenstiefe
und Lebensfreude kommen.

Ich habe kein Glück

Das Leben ist wie eine Lotterie – meinen viele Leute, sie hätten nur nicht das richtige Los gezogen. Sie sind überzeugt – was noch schlimmer ist –, der Nachbar, der fröhliche, der mehr feiert, der hätte das viel bessere Los bekommen.

Doch so ganz verschieden sind die Lose nicht. Der eine kann sich ein paar Schnörkel mehr als der andere leisten, aber das ist auch alles. Der Unterschied liegt im Wie, wie man es ansieht, wie man es annimmt. Und das hängt dann von uns ab.

Ich habe viele Menschen getroffen, jeder anders, alle verschieden. Ich habe auf ihre tiefsten Geheimnisse gehört. Keiner war dabei mit dem großen Los, dem makellosen, vollkommenen Glück. Irgend etwas hatten alle, ein Mißgeschick, eine Last, eine Wunde. Die Gläubigen nennen es: Kreuz. Die anderen sagen dazu: Ich habe kein Glück.

Manche waren dabei, die sind bei allem Leid doch glückliche, fröhliche Menschen geblieben. Andere ließen sich zusammenbrechen, wenn es schwierig wurde, wenn es schiefging, resigniert, deprimiert. Oft hatten sie genau das gleiche durchgemacht; heraus kam etwas ganz Verschiedenes.

Das Leben ist wie eine Lotterie –
aber da läßt sich viel machen
von uns selber.

26

Herr,
mach mich frei
von meinen Errungenschaften,
denen ich verfallen bin
und die mich so krank machen.

Mach mich frei
von meinen Einbildungen,
durch die ich entstellt werde
und die mich so klein machen.

Mach mich frei
von meiner Besitzgier,
durch die ich betrogen werde
und die mich so gemein macht.

Herr,
mach mich frei
von der Sucht nach Sachen,
die mich doch nicht befriedigen
und die meinen verrückten
Heißhunger
nur noch gieriger machen.

Ohne Lachen
läßt sich nicht leben

Lachen ist gesund. Du hast Lachen nötig.
Humor ist gesund.
Ob du an diese Seite deiner Gesundheit
wohl genug denkst?
Durch deine ganzen Sorgen
machst du dir Falten in dein Herz,
und schnell hast du dann
auch Falten im Gesicht.

Lachen befreit. Humor entspannt.
Lachen kann dich erlösen vom falschen Ernst.
Lachen ist die beste Kosmetik fürs Äußere
und die beste Medizin fürs Innere.
Regelmäßig die Lachmuskeln betätigen –
das ist gut für die Verdauung,
der Appetit kommt in Gang,
und der Blutdruck bleibt stabil.

Humor gibt dir ein Gespür für die Dinge,
wie sie sich zueinander verhalten
und wieviel Gewicht ihnen zukommt.
Lachen und Humor wirken sich aus
nicht nur auf deinen Stoffwechsel,
sondern auch auf deine Umgebung.

Lachen und Humor entlasten.
Sie verringern Spannungen und Tränen.
Sie befreien vom erdrückenden Ernst
der bleiernen Probleme,
von der erstickenden Luft des Alltags.
Lachen und Humor –
das beste Mittel gegen Vergiftung
von Geist und Herz.
Lachen und Humor machen den Weg frei
zu ungeahnter Lebensfreude.

Was ist ein verlorener Tag?
Ein Tag, an dem du nicht gelacht hast!

Liebe und Freundschaft

Die Liebe der Freundschaft.
Diese Liebe führt zum Licht,
zum Frieden, zu tiefer Freude.
Diese Liebe zerbricht nichts.
Sie will nichts für sich haben.
Sie will den anderen frei lassen.
Auch wenn sie Ausdruck
in leiblicher Nähe findet, bleibt sie rein.
Wer den anderen wie eine Sache besitzen will,
für sich allein, zur eigenen Befriedigung,
richtet zugrunde, den er zu lieben behauptet.
Er vernichtet die Freundschaft.
Zu einer ganz reinen Freundschaft
wird man wohl niemals imstande sein,
aber immer muß man unterwegs zu ihr sein.

**Ich glaube an den Menschen,
und dabei bleibe ich,
sowie ich an die Natur glaube
und dabei bleibe,
wenn ich sehe, wie in der Wüste
eine kleine Blume erblüht.**

Da muß man durch

Beim kleinsten Schmerz ein Schmerzmittel,
jeden Abend ein Schlafmittel,
bei trüben Gedanken ein Aufmunterungsmittel.
Du bist hoffnungslos verwöhnt.
Aus allem machst du ein Problem,
Die kleinste Schwierigkeit,
und du bist mit den Nerven fertig.

Probleme müssen gelöst werden.
Probleme, die du verdrängst, fangen an zu faulen.
Aber es gibt eine Menge Schwierigkeiten,
die gehören dazu,
zum Leben, zur Ehe, zur Erziehung, zum Reifwerden,
zum Zusammensein, zur Arbeit.
Die mußt du hinnehmen, da mußt du durch,
mutig, tapfer, ohne Diskussion.
Flüchtest du vor ihnen, werden sie dich verfolgen,
werden sie dir schwer im Magen liegen.

**Du kannst aus deinem Leben
das ‚Kreuz' nicht streichen,
ohne von ihm erdrückt zu werden.**

So nahe

Wenn ich beim Klagen alle Register ziehe, geht es mit
mir immer tiefer bergab. Mit schwarzen Gedanken zieht
das Unglück über meinem Kopf immer dichter zusammen.
Ich muß heute leben, Vergangenes sein lassen – daran
kann ich doch nichts ändern. Nur ein Guckloch offen
halten für die schönen Erinnerungen und nicht sorgen-
voll an morgen denken.

Was habe ich heute in Händen?
Meine Gesundheit.
Die Sonne am Himmel.
Zu essen und zu trinken.
Ein Kind, das mich anlacht.
Eine Blume daheim.

Vielleicht suche ich das Glück
viel zu weit weg.
Es ist wie mit der Brille.
Ich sehe sie nicht.
Und dabei sitzt sie mir auf der Nase.
So nahe!

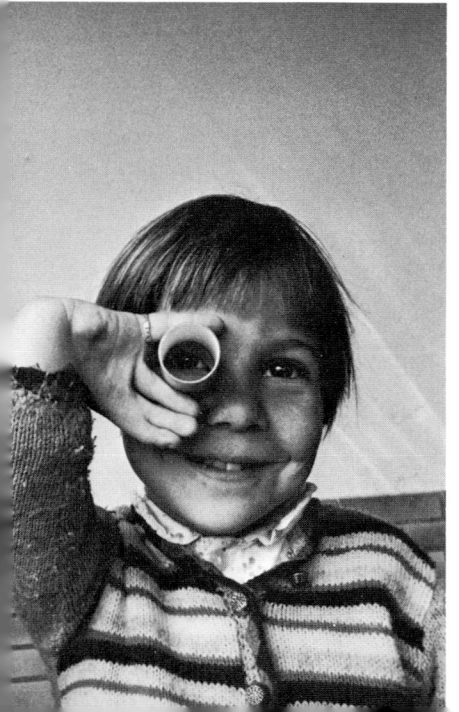

31

Und was du brauchst, ist Liebe

Du suchst Bequemlichkeit, du suchst Entspannung in netter Atmosphäre. Und du beginnst zu kaufen und zu kaufen, weil du vielleicht mehr in deiner Brieftasche hast als in deinem Kopf und in deinem Herzen. Und du kaufst alte Möbel und schwere Vorhänge und schöne Teppiche. Du suchst Behaglichkeit: eine Sitzecke, eine Fernsehecke, eine Eßecke. Ein Druck auf den Knopf, und du hast alles, was du dir wünschen kannst. Du hast eine eigene Bar und setzt dein Haus unter Musik.

Armes Wohlstandskind!

Warum siehst du nicht glücklich aus? Warum lachst du so wenig und bist du so nervös? Warum lassen dich die ganzen Luxusdinge letztlich so unbefriedigt und so leer? Weil sie tote Dinge sind. Sehr praktisch vielleicht und sehr bequem. Dinge, die du gebrauchen kannst, aber mit denen du niemals ein Gramm Liebe eintauschen kannst. Und was du brauchst, ist Liebe. Liebe kannst du aber nicht kaufen. Liebe, für die du bezahlst, ist keine Liebe mehr.

32

Im Regen pfeifen

Wie kommt es, daß manche Menschen
sauer in die Sonne sehen
und daß andere im Regen pfeifen können?

Wie kommt es, daß manche Menschen
immer Fehler und Verkehrtes sehen,
sobald sie nur die Augen aufmachen?
Es kommt daher, daß sie
über den Sinn des Lebens und der Dinge
verkehrt denken.

Sie brauchen Gott –
nicht ein schemenhaftes Wesen
ohne Gesicht, irgendwo weit weg,
sondern den persönlichen Freund,
den Vater, hier ganz nahe.
Im innigen Umgang mit Gott
bekommen die Menschen
andere Augen für die Dinge
und an jedem Morgen
ein neues Herz.

Arm sein

Du weißt nicht, was das ist.
Arm sein wie Millionen in den armen Ländern.
Du weißt nicht, was das ist.

Reiß dein Haus ab und bau eine Hütte
aus Blech, Eternit, Lehm oder Preßpappe.
Ein Schlafzimmer gibt es nicht
und ganz bestimmt keine Hausbar.
Statt Sessel und Liegesofa Bretter und Kisten.
Dein Auto, deinen Fernseher,
dein Radio abschaffen.
Mach den Strom weg, das Telefon,
das Gas und die Wasserleitung.

Zeitung, Stereoanlage, Kühlschrank, Kühltruhe –
auch das kommt weg.
Gute Kleidung gibt es nicht mehr.
Wenn du krank wirst, ist kein Arzt da,
keine Apotheke und kein Krankenhaus.

Wenn du so arm bist,
wirst du dann die lieben,
die alles im Überfluß haben
und nicht teilen wollen?
Du wirst lernen, die Reichen zu hassen.
Ich fürchte, das geschieht in vielen Ländern.

In der Sonne parken

Ich laufe auf dieser Welt nicht ewig herum. Zwischen der Ewigkeit vor meiner Geburt und der Ewigkeit nach meinem Tod habe ich genau meine Zeit, auf unserem kleinen Planeten zu parken. Ich habe meine Parkuhr. Ich kann den Zeiger nicht zurückstellen. Ich kann in meine Uhr kein Geld stecken und sie länger laufen lassen. Meine Parkzeit ist unerbittlich begrenzt. Es gibt keine Behörde, die etwas für mich tun kann.

Mein Leben ist wie mein Name, den ich in den Sand an der See schreibe, ein kleiner Wind, und alles verweht. Was nun?

Eins ist sicher zu sagen: nicht traurig sein, vielmehr probieren, in der Sonne zu parken und nicht im Wespennest der jagenden, zernagenden Sorgen.

Den Tag schön machen. Begeistert sein vom Licht, von der Liebe, von den guten Menschen und den guten Dingen. Freundlich sein und herzlich zu dem alten Mann, der weiß, daß seine Parkuhr abgelaufen ist, zu den Kranken, den Behinderten, den Enttäuschten, den Betrogenen und den vielen Unglücklichen, die keinen Platz mehr an der Sonne fanden. Ihnen und allen Menschen um mich herum den Tag schön machen. Mehr brauche ich eigentlich nicht zu tun, um selber glücklich zu sein.

**In der Sonne parken
und die Parkuhr laufen lassen.**

Versöhne dich
mit dem Leben

Um ein bißchen glücklich zu sein,
ein bißchen Himmel auf Erden zu haben,
mußt du dich mit dem Leben versöhnen,
mit deinem eigenen Leben,
wie es nun einmal ist.

Du mußt Frieden machen
mit deiner Arbeit,
mit den Menschen um dich herum,
mit ihren Fehlern und Schwächen.
Du mußt froh sein
mit deinem Mann, mit deiner Frau,
auch wenn du jetzt vielleicht weißt,
daß du nicht den idealen Mann,
nicht die ideale Frau getroffen hast.
(Glaube nicht, daß es so etwas gibt.)

Du mußt Frieden machen
mit den Grenzen deiner Brieftasche,
mit deinem Gesicht,
das du dir nicht ausgesucht hast,
mit deiner Wohnung und mit deiner Kleidung,
mit den Bedingungen deines Lebens,
auch wenn es der Nachbar viel besser hat
(meinst du).

Versöhne dich mit dem Leben.
Du steckst in deiner eigenen Haut,
in einer anderen Haut
kannst du nicht mehr geboren werden.

Du weißt...

Du weißt, wie klein, wie arm, wie einsam die Menschen sind, wie empfindlich und verletzlich. Du weißt, daß es Tränen gibt, und keiner kann trösten. Du weißt, daß kaum größere Traurigkeit ist als in einem Herzen, das keiner versteht. Du weißt, für manche Menschen ist das Leben eine unerträgliche Qual.

Sei sanft! Tu dein Bestes, um die Menschen zu begreifen, um zu helfen. Geh hinein in ihr Leid, in ihre Verlassenheit. Steig herab von dem Hügel deiner Selbstgenügsamkeit ins Tal der Menschen, die allein sind und die leiden, zu den Menschen in der Ebene ohne Schutz und ohne Geborgenheit. Sei nicht hart, auch nicht hart in deinem Urteil.

Sei sanft und suche zu verstehen das unsägliche Heimweh nach Glück in den manchmal dummen Lüsten. Dann wirst du selbst glücklich sein. Dann kommen in deine eigene Einsamkeit und in deine eigene Schwachheit wunderbare Augenblicke, die dich herausheben aus dem täglichen Trott des Lebens. Du wirst ein Herz haben, das alle Menschen in die Arme schließt und alle umfängt.
In der Sanftmut liegt der unendliche Trost für alle Menschen, die in unserer formulargesteuerten frostigen Gesellschaft frieren.

Ein Bild

Tagesschau, abends im Fernsehen.
Ein Bild trifft mich wie ein Schlag.
Ein Bild mitten unter den gewohnten Bildern
von Krieg und Katastrophen,
kurz vor den Sportnachrichten.
Ein Bild, das so dazwischenkam, nur ganz kurz.

Ein Bild aus einem reichen Land
mit reichlichen sozialen Sicherungen,
durch die für jeden gesorgt ist
von der Wiege bis zum Grabe.
Ein Bild aus Schweden.

Ich sah: ein alter Mann lag auf dem Bürgersteig.
Ich sah: Menschen gingen an ihm vorbei.
Ein Reporter sagte,
daß der Mann Stunden da gelegen hätte.
Keiner hat sich nach ihm umgesehen.
Schließlich kam ein Polizeiwagen.
Der Mann war tot.

Das Bild läßt mich nicht los.
Das Bild einer zerfallenden, toten Kultur.
Hat keiner den Mann hinfallen sehen?
Warum hat ihm keiner aufgeholfen?
Das ist in aller Öffentlichkeit
Mord aus Gleichgültigkeit.
Oder war dieser Mensch für seine Mitmenschen
schon lange tot?

**Wenn ich übersättigt bin,
erstarren meine Augen
und versteinert mein Herz.
Konsum, Reichtum, Luxus
im höchsten Grad –
und ich sterbe als ‚Mensch'.**

Wichtige, mächtige Menschen sitzen zu Konferenzen in
Luxuspalästen aus Glas und Beton. Ich sehe sie sitzen,
schwer in den Sesseln, todernst bei den endlosen Ver-
handlungen über große und kleine Probleme. Aufge-
stapelte Akten. Sie wachsen wie Riesenpilze. Schränke
werden voll, Büros werden voll, die Welt wird voll,
bis es ganz finster ist. Wohin mit einer solchen Welt?   41

Ein Freund

Du kannst alles aushalten und durchstehen, wenn ein Freund dir zur Seite ist und wenn er auch nichts weiter tun kann als ein Wort sagen oder eine Hand hinhalten.

Ein Freund in deinem Leben ist wie Brot und Wein – eine Wohltat. Ein Freund in deinem Leben ist der kräftigste Trost in aller Not. Ein Freund ist wahre menschliche Güte, in der du ein Zeichen göttlicher Güte spürst. Glaub mir, die Auskunft eines Sozialarbeiters, eines Psychiaters, eines Beamten, die bestgemeinte Hilfe einer offiziellen Organisation ist für einen Menschen in Not nicht soviel wie eine kleine Geste, ein herzliches Wort von einem Freund oder einer Freundin.

Warum telefonierte der Mann an einem Sonntag: „Ich bin verzweifelt. Ich will nicht mehr leben. Ich habe alles Ersparte dem Psychiater gegeben, dann dem Apotheker für Tabletten, und wenn die zu Ende sind, ist alles wieder wie vorher." Warum sagt die Frau an einem Donnerstag: „Sagen Sie nichts. Ich mache etwas Dummes. Ich habe vier Kinder. Ich habe alles, aber ich habe das Leben satt."

War denn keiner da, konnte keiner Freund oder Freundin sein, ihnen ein bißchen Geborgenheit geben in dieser Welt, in der alles ins Wanken geriet?

Die Psychiater kommen nicht mehr durch. Die Menschen werden Opfer psychischer Umweltverschmutzung. Mit Medikamenten ist es nicht zu schaffen. Ganz einfache menschliche Güte, darauf kommt es an, daß ein anderer Mensch hierin Geborgenheit findet.

Sich kümmern

Ich muß nicht meinen,
mit der ‚Liebe‘ sei ich fertig,
wenn ich über die Leute um mich herum
nur schon ‚freundlich‘ denke:
eine gesäuselte, saftlose Geneigtheit
und eine Illusion von Freundschaft.

Ich verhalte mich ruhig.
Ich komme keinem zu nahe.
Ich tu keinem etwas Böses.
Ich lasse jeden leben. Das genügt.
Bei mir ist alles bestens bürgerlich,
wohl versorgt und gut gesichert
unter der gläsernen Glocke meiner privaten Sphäre.
So zahle ich meinen Beitrag
zu der gemeinen Gleichgültigkeit,
die unser gemeinsames Leben erwürgt.

**Will ich wirklich lieben,
muß ich mich kümmern:
aufmerksam, einfühlsam, erfinderisch**

zuerst um die Menschen ganz in meiner Nähe,
die meiner Sorge anvertraut sind:
mit denen ich unter einem Dach wohne,
mit denen ich jeden Tag zusammenarbeite,
mit denen ich unterwegs bin,
mit denen ich lache und spiele.

Sich um einen Menschen kümmern
bindet mich und reißt mich aus meiner Enge heraus.
Es ist bitter nötig, um nicht verrückt zu werden
im ewigen Kreisen um mich selbst.
Ich darf diese Sorge nicht abschieben,
auch dann nicht, wenn meine Ruhe,
meine friedliche Behaglichkeit dadurch gestört wird.

Vielleicht ist es sogar gut,
daß ich aufgestört werde,
daß meine Zuwendung zu anderen
manchmal schmerzt und schwerfällt
und daß ich auch einmal die Last von Sorgen trage,
über die mit keinem gesprochen werden kann.

Sich selbst kümmern ist die Frucht
von wahrhaftiger Liebe.
Es kann weh tun, aber zuletzt bringt es
die Beste aller Gaben mit sich.
Es bringt Leben, es bringt Farbe in mein Dasein
und in seltenen Augenblicken
ein unermeßliches Gefühl tiefer Dankbarkeit
als Vorgeschmack von ungeahntem Paradies.

Gastfreundschaft

Menschen gern haben. Alle Menschen liebhaben. Das heißt zuerst: zu jedem, den du auf deinem Wege triffst, gastfreundlich sein. Herz und Haus und Hab und Gut so öffnen, daß der andere durch deine Gastfreundschaft nicht erniedrigt wird, sondern sie wie selbstverständlich annimmt.

Nichts darf erzwungen sein, alles muß spontan geschehen, Gastfreundschaft ist nichts Angelerntes. Aus Büchern bekommt man sie nicht. Sie ist zuinnerst eine Haltung der Offenheit und des Mitteilens. Sie gehört zum Geheimnis des Menschseins. Mir kommt vor, als ob wir in unseren reichen Ländern den Sinn für Gastfreundschaft verloren haben.

Wir müssen zu den Armen gehen, um echte Gastfreundschaft wiederzufinden. Der Arme in Nordafrika
zum Beispiel wird dich in seine armselige Hütte aus
Lehm und Blech und Pappe einladen und fortwährend
sagen:

Mein Haus ist dein Haus.

Du mußt da Tee trinken, du mußt da essen. Und wird
es Abend, läßt er dich nicht gehen. Du mußt da schlafen.
Er wird die beste Matte für dich ausbreiten, und weiß
Gott, wo er selber bleibt. Und wenn dieser Arme dann
nach Europa kommt, findet er in unseren Städten das
Schild: „Ausländer unerwünscht."

Keine Katastrophe

Du wirst ganz schön alt werden,
wenn nicht tödlicher Unfall oder Herzinfarkt
oder schwere Krankheit auf deinem Kalender stehen.
Aber was hast du davon,
wenn mit dem Alter
alle Plagen Ägyptens Einzug halten:
Reißen im Rücken und Rheuma in den Gliedern,
verkalkt, verknöchert und versteift,
Gedächtnis schlecht, Augen schwach, Hören schwer.
Allein, abgeschnitten, einsam.

Maschinen, die nicht mehr produzieren,
wandern zum alten Eisen.
Menschen, die im Produktionsprozeß
nicht mehr mitkommen,
wie sollen sie ‚Mensch‘ bleiben
und glücklich sein?
Das hängt von der Umgebung ab,
von der Familie, den Freunden, den Bekannten,
von Altersversorgung, Ruhegeld und Rente.
Das liegt zum großen Teil auch an dir selbst.
Du mußt lernen, alt zu werden.
Altwerden ist keine Katastrophe.
Deine alten Tage müssen nicht Unglückstage sein.

**Lerne, alt zu werden
mit einem jungen Herzen.
Das ist die ganze Kunst.**

49

Aufwachen

Jeden Morgen ein neuer Tag: dafür dankbar sein. Oder
hast du vor dem Leben Angst? Fällt es dir zu schwer?
Gehst du jeden Abend ins Bett mit einem Seufzer der Erleichterung: „Gott sei dank, wieder ein Tag vorbei"?
Vielleicht langweilst du dich zu Tode. Vielleicht kommt
dir alles sinnlos vor. Vielleicht hast du zuviel Wohlstand
und bist geistig daran eingegangen. Vielleicht sind die
vier Räder deines Autos zu deinen wichtigsten Glied-
maßen geworden. Vielleicht hat dir das Fernsehfenster
alle gesellige Stimmung gestohlen. Vielleicht verlangst
du dauernd nach Vergnügen. Das wird dich niemals
befriedigen.

Du bist kein Mensch mehr, wenn du dich vom Mei-
nungsdruck zu einem Wesen umprägen läßt, das pro-
duziert, profitiert und konsumiert. Es blühen keine Blumen mehr für dich. Es spielen keine Kinder mehr für
dich. Es lachen keine Menschen mehr. Du bist tot, weil
du in deinem Herzen die Liebe sterben läßt. Du suchst
das Glück, wo es niemals zu finden ist: in Sachen ohne
Sinn und ohne Leben, in Dingen, die dich betören, aber
nicht ernähren.

Aufwachen! Aufstehen!
Mensch werden!
Morgens geht die Sonne auf,
und nichts merkst du davon.

So ist es mit der Liebe

Die Sonne ist für viele das Gewöhnlichste von der Welt.
Und dabei wirkt sie Wunder Tag für Tag.
Licht und Feuer macht sie an – für mich.
Gegen Wolken geht sie an – um mich zu sehen,
um mir einen Guten Tag zu wünschen.
Des Nachts ist sie am anderen Ende der Erde,
um den Menschen auch dort ihr Licht zu schenken.
Nehm' ich die Sonne weg, wird es finster und kalt.

So ist es mit der Liebe.
Geht die Liebe auf in meinem Leben,
dann kommt Licht, dann wird es warm.
Habe ich Liebe, dann kann mir vieles fehlen.
Geht die Liebe unter in meinem Leben,
dann wachsen die schwarzen Schatten.
Finsternis macht sich breit und Kälte.

Die Liebe ist wie die Sonne.

Wer sie hat, dem kann vieles fehlen.
Wem die Liebe fehlt, dem fehlt alles.

Warum ?

„Eben hatte ich ihm noch eine Tasse Kaffee ans Bett gebracht", sagt die Frau, „er fühlte sich wohler. Als ich zurückkam, war er tot. – Und er war noch so jung!"
Tag um Tag, Stunde um Stunde, in Dörfern und Städten, in großen und in kleinen Straßen, in Krankenhäusern und Altenheimen, in Herrensitzen und Hinterzimmern oder irgendwo am Straßenrand: Menschen, die in tiefster Not ihr Gesicht in die Hände vergraben, vom Leid überwältigt, fassungslos weinen über den unerbittlichen Tod.
Warum soviel Schmerzen! Warum die Lähmung? Warum der Krebs? Warum die Entstellung? Warum der Unfall, nie mehr gehen können? Warum im Frühling des Lebens umkommen? Warum ... warum ... warum?

An wen wende ich die Frage? An die Wissenschaft? Sie weiß soviel, und bis ins kleinste wird sie die Ursachen von meinem Leiden und Sterben erörtern. Aber was fange ich mit solcher Antwort an?

Wenn ich an die Toten denke und an meinen eigenen Tod und an die Leiden der Unschuldigen, dann renne ich an Rätsel, stoße ich mit dem Geheimnis zusammen. Dann kann ich mir vornehmen, zu vergessen oder nicht weiterzudenken oder so zu tun als ob.

Solange ich aber bei Verstand bin und ein Herz habe, wird es mir nachgehen. Und wenn dann die Stunde kommt, da ich selbst hinein muß in die Nacht des Leidens und des Todes, bleibt mir nichts anderes mehr als Hinnahme.

Ich wollte, in dieser Stunde könnte ich beten, könnte ich zu Gott rufen:

„Warum hast du die Sonnen gelöscht, die du selbst entzündet hast?"

Und ich bin sicher, dann werde ich mit dem Herzen Dinge erfahren, die ich mit dem Verstand nicht erklären kann.

Gott ist Liebe. Er hält zu mir. Er hält mich fest. Ich soll sterben, um auf immer zu leben in einer unverlöschlichen Liebe.

November

Der Friedhof voll weißer Chrysanthemen. Der Tod in Weiß. Einen Augenblick lang sind die Toten und die Lebenden zusammen an demselben Ort. Sie suchen einander, sie denken aneinander und können einander nicht erreichen. Irgendwo eine entsetzliche Ohnmacht, eine unheimliche Auseinandersetzung.

Mit einem Mal denke ich an meinen Tod, ein bißchen zaghaft und beklommen. Angst vor dem Tod und Freude am Leben – so dicht beieinander. Der Tod ist der rücksichtslose Spielverderber, der alles Vergnügen verseucht, der alle Sicherheit zernagt und das Organ abdreht, mit dem ich meine Lebensfreude einatme.

Keiner weiß Rat mit dem Tod. Auch die Wissenschaft nicht. Man schweigt, man vergißt. Der Verkehr geht schnell weiter, wenn der Leichenzug vorbei ist.

Aus meinem Denken darf ich die Gedanken an den Tod nicht ausräumen. Das ist Vogelstraußpolitik. Alles läuft letztlich auf die Frage hinaus:

Ist der Tod das Ende oder nicht?

Wenn der Tod das Ende ist, dann ist mein Sterben eine vernichtende Hinrichtung. Wenn der Tod nicht das Ende ist, dann bekommt er eine unermeßlich neue Dimension.

Dem Tod gegenüber, diesem kritischen Moment meines Lebens, durch den ich hindurch muß, mutterseelenallein, stehe ich vor der Frage: Alles oder nichts, Sinn oder Unsinn des Lebens, Gott oder unendliche Leere. Das Geheimnis von Leben und Tod hängt zusammen mit dem Geheimnis von Gott.

Solange mein eigenes unverwechselbares Ich keine befriedigende Erklärung findet in der Physik, der Chemie oder Biologie, finde ich für Gott keine Lösung im Sinne der Naturwissenschaften. Ich halte nur eins in meinen Händen, und das ist die Hoffnung! Bis zu meinem letzten Atemzug gibt mir die Hoffnung Freude am Leben.

Die Kunst des Lebens

Ich liebe die Menschen,
die um mich leben.
Ich liebe die Freude,
und so kommt die Freude zu mir.
Ich liebe die Freundschaft,
und so pflücke ich die Sterne
und ist mein Tag voller Seligkeit.

Ich brauche nichts zu besitzen,
um an allem Freude zu haben.
Es gibt soviel,
wenn ich auf die kleinen Dinge sehe
und auf die kleinen, die einfachen Menschen.
Es gibt soviel Überraschungen
und soviel Wunder,
die ich entdecke mit offenen Augen
und mit geschlossenen Augen.
Die Kunst des Lebens ist, dieses zu sehen:

**Es liegt in allen Dingen
eine Erinnerung
an das verlorene Paradies.**

Ich weiß, daß es nicht leicht ist,
in den Himmel zu kommen.
Aber ich weiß auch genau, daß es unmöglich ist,
wenn der Himmel nicht zu mir kommt.
Der Himmel muß auf Erden beginnen,
überall, wo Menschen Freunde sind
und wo die Güte mit Freuden
von Hand zu Hand weitergegeben wird.

Aber es sind an jedem Himmel Wolken.
Ich bin nicht ständig in Stimmung.
Freundschaften verschleißen
und werden wie getrocknete Pflaumen.
Auch das ist kein Problem,
darüber muß ich nicht traurig werden.
Freundschaften wie getrocknete Pflaumen!
Ich gieße Wasser darüber,
und sie werden wieder dick.

Leben ist ein aufregendes Abenteuer
mit Gott und mit den Menschen
in einer Welt von Licht und Finsternis.
Ich will kein Held sein und kein Märtyrer,
nur der kleine Kobold,
der die vergessenen Blumen pflückt
und über die Großen der Erde lacht,
die in ihren Sesseln thronen
mit Reichtum und Macht.

Ich liebe die Menschen,
die um mich leben.
Ich liebe die Freude,
und so kommt die Freude zu mir.
Ich liebe die Freundschaft,
und so pflücke ich die Sterne,
und ist mein Tag voller Seligkeit.

Reden ist ›in‹

Heute wird so viel geredet wie noch nie.
Über die Köpfe der Menschen hinweg
rollt eine Lawine leerer Worte wie noch nie.
Jeder will reden.
Jeder will das Wort.
Jeder will Mitspracherecht.

Aber wenige haben etwas zu sagen.
Weil wenige die Stille
und die Spannung des Denkens
aushalten können.

**Herr, hilf mir,
meinen großen Mund zu halten,
bis ich weiß, was ich sagen will.
Amen.**

Was unserer Welt fehlt,
woran wir bitter Mangel leiden:
einfache, gute Menschen,
freundliche Menschen,
die fröhlich im Geschäft bedienen,
die am Schalter die Geduld nicht verlieren,
die im Verkehr nicht aus der Haut fahren,
die nicht in die Luft gehen,
wenn du einen Fehler machst.

Sei vorsichtig mit deinen Reden.
Worte sind mächtige Waffen,
die viel Unheil stiften können.
Spucke keinen an mit deiner Zunge
und mit deinem großen Mund,
mach keinen kurz und klein.
Ein hartes Wort, ein scharfes Wort –
das kann tief verletzen
und im Herzen lange weh tun
und eine Narbe hinterlassen.

Nimm es hin,
daß andere anders sind,
anders denken,
anders handeln,
anders empfinden,
anders sprechen.

Sei liebevoll mit deinen Worten.
Worte sollen ‚Licht‘ sein,
Worte sollen versöhnen,
einander näherbringen,
Frieden stiften.
Wo Worte ‚Waffe‘ werden,
stehen sich Feinde gegenüber.

Das Leben ist viel zu kurz
und unsere Welt viel zu klein,
um ein Schlachtfeld daraus zu machen.

Was bringt's?

Schlicht und einfach leben, gut sein, nicht alles haben wollen, nicht neidisch sein, nicht jammern, nicht klagen, mitmachen, einem gut zureden, einen Kranken besuchen, dasein, wenn einer mich braucht, sich für ihn müde machen, in einem Sessel eindruseln, miteinander essen und trinken … Und das alles nicht, weil du mußt, weil du nicht darum herumkommst, sondern weil du dazu Lust und Liebe hast, weil du Mensch bist, Mitmensch, weil du lebst.

Weißt du, welche Gefahr dir heute droht? Du lebst in einer Kosten-Nutzen-Zeit. Die Menschen fragen: Wie hoch sind die Kosten? Wie hoch ist der Nutzen? Was bringt's? Was habe ich davon? Man berechnet Produktivität und Rentabilität. Laufend wird kalkuliert. Laufend hat man zu tun, viel zu tun. Man ist überlastet. Man rechnet. Man hat keine Zeit. Man rechnet. Geld muß herausspringen. Geld muß hereinkommen.

Und man vergißt, daß man die Schönheit des Lebens in Augenblicken findet, da man nicht rechnet, da man einfach Mensch ist, da man schlicht und einfach und zufrieden lebt. Die Menschen leben immer länger, aber nicht immer glücklicher. Zuerst arbeiten sie, um zu leben, und zuletzt arbeiten sie und vergessen zu leben. Sie haben nichts begriffen. Sie meinen noch immer, darin liege das Glück eines Menschen: viel haben, gut essen, lange leben.

Wie kann man in einer Zeit mit so viel Wissenschaft so dumm sein!

Wehr dich dagegen! Du bist keine Maschine, konstruiert für bestimmte Zwecke. Du bist mehr als deine Funktion, mehr als dein Posten, dein Beruf, deine Arbeit. Du bist an erster Stelle ,Mensch', um zu leben, um zu lachen, um zu lieben, um ein ,guter Mensch' zu sein. Und das ist das einzige wirklich Wichtige auf dieser Welt.

Denke an sie

Unser Zusammenleben ist kalt, hart. Unsere Sprache ist voll Drohung und Gewalt. Protestieren. Kommandieren. Tyrannisieren. Terrorisieren. Gewalt – wozu? Für ein menschlicheres Zusammenleben? Wir machen es unmenschlich, wenn wir alle Achtung verlieren und alles Feingefühl in unserem Verhalten. Wir glauben noch immer an Macht. Wir wollen Recht behalten und versuchen auf alle mögliche Weise, der Stärkste zu sein. Unsere Gefühlsorgane sind verdorrt, verhärtet, verkrüppelt.
Die Welt braucht Wärme. Sanftmut, zarte Güte tut not. Zartfühlend wirst du, wenn du weißt, wie zerbrechlich alle Dinge sind und wie einsam die Menschen. Denke an die vielen Menschen, die durch Krankheit und Gebrechen, durch Unglück und Armut langsam aus dem Leben ausquartiert werden. Sie hungern nach einem fröhlichen Gesicht, sie warten auf ein mitfühlendes Wort, sie sehnen sich nach Gesellschaft und Freundschaft. Denke an die Kranken, an die Alten, an die Behinderten, die so selten eine warme Hand spüren, die in ihrer Einsamkeit begraben sind.

**Zieh sanfte, zarte Güte an
für alle Menschen,
und laß keinen stehen in der Kälte.**

Wenn ich es küssen kann, kann ich vielleicht schlafen

Wieder sah ich – zum wievielten Mal? – einen Mann irrsinnig leiden unter dem unersetzlichen Verlust seiner Frau. Verbittert und unversöhnlich. Ich dachte an jenen, der einmal vor mir saß, versteinert, wie ein Granitklotz, mit eisiger Miene und drohendem Blick. Die Worte, die er in Abständen ausstieß, hörten sich mehr wie Flüche an. „Das kann nicht, das darf nicht. Meine Frau – tot. Verunglückt. Es geht nicht ohne sie. Ich mache Schluß. Ich treibe mich herum, arbeite nicht mehr, nehme einen Haufen Schlafmittel. Nichts hilft." Vorsichtig sage ich: „Versuche hinzunehmen." – „Ich kann nicht. Ich will nicht", brach es aus ihm heraus. „Ich mache Schluß."

Manchmal kann das Leben zu den Menschen grauenhaft sein. Arthur Miller schreibt in einem seiner Theaterstücke: „Ich träumte, mein Leben war ein Kind von mir. Aber es war mongoloid, und ich lief weg. Aber es kroch immer wieder auf meinen Schoß. Es zog an meinen Kleidern. Bis ich dachte: Wenn ich es küssen kann, kann ich vielleicht schlafen. Und ich beugte meinen Kopf über das entstellte Gesicht – es war grauenhaft ... aber ich küßte es."

Ja, ich glaube, daß du letzten Endes dein Leben in deine Arme nehmen mußt, dein Leben, so wie es ist, es hinnehmen, wie schwer und hart es auch ist. Wenn du es einmal geküßt hast, wird es anders, erträglicher.

Mach dir keine Illusionen. Das Lebensglück ist keine durchgehende Vorstellung. Das echte, tiefe Lebensglück kommt und geht und dauert meistens nicht lange. In der übrigen Zeit heißt es: daran denken und darauf warten.

Versöhne dich mit dem Leben.

Nimm es hin, so wie es ist. Heute. Jetzt. Um das bißchen Glück, das auf dich wartet, nicht zu verfehlen.

Wie sehe ich die Fehler
bei meinem Mann, bei meiner Frau,
meinem Vater, meiner Mutter, meinen Kindern?
Die Fehler meines Kollegen, meines Mitarbeiters,
meines Klassenkameraden, meines Nachbarn?
Versteh mich recht.
Fehler von Menschen, die ich selbst nicht kenne,
Fehler, die mir nicht nahegehen,
die mich nicht verletzen und schmerzen,
um die geht es nicht.
Sondern um die Fehler und Schwächen der Menschen,
die mir ganz nahe stehen,
die ich zu lieben meine,
mit denen ich täglich lebe und arbeite.

Die Fehler dieser Menschen also,
wenn ich nur darauf lauere,
darüber losziehe und darauf herumhacke,
dann wird es Zeit, daß ich in mein eigenes Herz sehe.

Fehler bei meinen Menschen

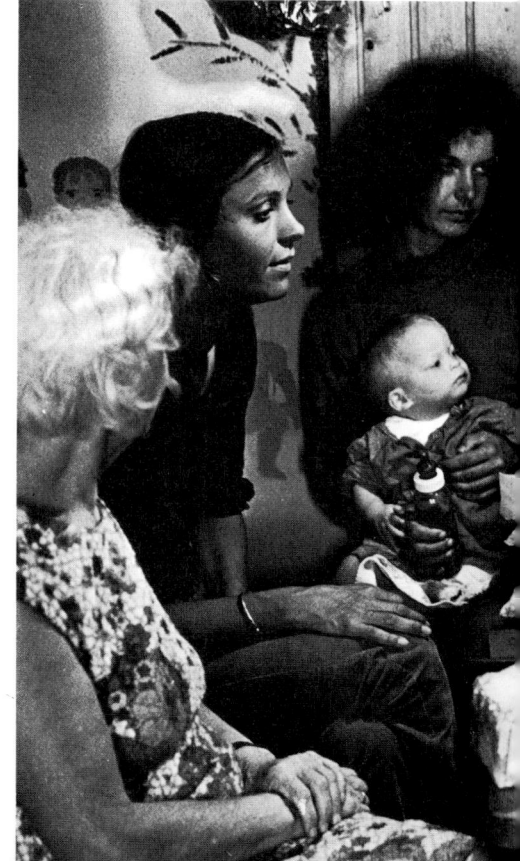

Dann ist die Liebe verschrumpelt.
Ich brauche keineswegs blind zu werden
für die Fehler der anderen.

**Aber wenn ich wirklich liebe,
sehe ich nicht so viele Fehler und Schwächen.**

In dieser Hinsicht bleibt Liebe
immer ein bißchen blind.
Aber wenn Liebe und Freundschaft verkümmern,
geht auch diese sympathische ‚Blindheit‘ verloren.
Die unvermeidlichen Menschlichkeiten
stören mich mehr und mehr – bei den anderen.
Die Fehler bekommen ein größeres Gewicht.
Es sieht so aus, als ob sie jeden Tag
ein Stück wachsen würden.
Meine Augen werden schlecht,
und am Ende sehe ich nur noch schwarz.
Fehler und Schwächen. Scheußliche Sachen.

Ich habe zwei Augen,
kostbar wie Diamanten,
und einen Mund, um zu pfeifen,
und eine Gesundheit,
die ist nicht zu bezahlen.

Herr, das ist mir genug.

Ich habe eine Sonne am Himmel
und ein Dach über meinem Kopf.
Ich habe Arbeit für meine Hände.
Ich habe einen gedeckten Tisch,
um zu essen,
und ich habe Menschen,
um zu lieben.

Herr, das ist mir genug.

Tu etwas für dein Gesicht

Vergiß nicht, daß dein Gesicht
für andere bestimmt ist,
daß andere es anschauen müssen
und daß nichts so widerwärtig ist,
als stundenlang und tagelang
ein muffiges, mißmutiges Gesicht zu sehen.
Dein Gesicht ist
mehr als eine schöne Fassade,
mehr als ein Aushängeschild,
mehr als eine Visitenkarte.

Tu etwas für dein Gesicht
nicht nur deinetwegen,
um dich selbst am Spiegel schön zu finden,
sondern vor allem wegen der anderen.
Die beste Gesichtspflege heißt nicht:
Hautcreme einreiben,
Augenbrauen zupfen und nachziehen,
Wimperntusche auftragen, Lidschatten anbringen.

Tu etwas für dein Gesicht von innen:
Fröhlichkeit in deine Augen legen
und ein Leuchten.
Den Mund entspannen und lächeln.
Ein freundliches Gesicht machen.
Das geht, wenn du Hausputz hältst,
Hausputz des Herzens:
ausfegen, was da wurmt und grämt,
ausräumen, was da gemeckert und gemäkelt wird.
Was hat dieser Kram mit deinem Glück zu tun?
Hör auf, den täglichen Ärger
finster wiederzukäuen.

Zeige dein schönstes Gesicht,
dein bestes, dein freundlichstes,
und es wird nicht schwerfallen,
dich gern zu haben.

Menschen in der Stadt

Haus an Haus. Wohnung an Wohnung.
So viele Namensschilder,
wohlversorgte Namensschilder.
So viele Menschen,
wohlversorgte Menschen,
Menschen, die keiner kennt.
Sie sehen sich.
Sie stehen im Aufzug zusammen.
Man starrt vor sich hin.
Man weiß:
Da ist einer,
so wie man weiß:
Da ist ein Klotz,
den darf man nicht anrennen.

Menschen in der Stadt.   Allein.

Die Stadt –
kein geselliges,
gemütliches Wohnen mehr
für Menschen.

Das ist herrlich

Einfach Mensch sein,
einfach leben.
In die Luft gucken,
die Sonne sehen,
Blumen erblicken,
und in der Nacht die Sterne.
Kindern zuschauen, lachen, spielen,
tun, was Freude macht,
träumen, die Phantasie spielen lassen,
zufrieden sein:

Das Leben wird ein Fest.

Bildung

Haß und Gewalttat wachsen, und die Zeitungen laufen über von Skandalen und Verbrechen, Gemeinheit, Bosheit, Lüge. Und wir nennen uns Menschen mit Bildung, Kultur, Humanität. Und wir nennen uns Christen, während wir fleißig Hand anlegen, aus dem Christentum das uninteressante Kreuz abzutun.

Dienen, sich verzehren, sich opfern – das ist nicht unser Fall. Wir erwärmen uns für Christentum mit Klimaanlage, mit seidenen Sesseln und molligen Betten und üppigen Tischen und mit klingenden Worten, die nach draußen glänzen: Tünche für unseren hochkultivierten Egoismus.

In den Elendsvierteln am Rande von Paris traf ich neulich einen flämischen Priester. Er sagte: „Die Geschichte kennt die Zeit der Helden und der Schwärmer, der Kämpfer und der Aufklärer. Heute erleben wir die Hochkonjunktur der Lüste: Geldgier und Sexualgier, Gewaltgier und Konsumgier."

Ein verdorbener Tag

Niemals werde ich glücklich,
wenn meine Gefühle außer Kontrolle geraten,
wenn ich mir den Tag verderben lasse

> durch eine Schramme am Auto,
> durch ein häßliches Wort zu Hause,
> durch einen Fehler bei der Arbeit,
> durch eine verunglückte Verabredung,
> durch ein enttäuschendes Ereignis,
> durch einen eingerissenen Strumpf
> oder eine verrutschte Krawatte.

Niemals werde ich glücklich,
wenn ich Opfer meiner Laune bin,
Sklave meiner Leidenschaften,
Gefangener meiner kindischen Ansprüche,
in unsinnige Erwartungen verklemmt.

Hab die Menschen gern

Mit Dingen kann man lieblos umgehen.
Einen Baum kannst du umhauen,
einen Busch ausreißen.
Ein Glas kannst du zerschlagen,
einen Stuhl umstoßen,
einen Schuh in die Ecke werfen.
Mit dem kann man so umspringen.
Auch wenn es weh tut, zu sehen,
wie einer eine Blume zertrampelt.

Mit Menschen kann nur umgehen,
wer sie gern hat.
Wenn du für die Menschen
keine Liebe aufbringen kannst,
dann bleibe in deinem Reich
oder befasse dich mit kalten Dingen,
aber laß die Menschen in Frieden.

Du bist vielleicht in der Verwaltung
und siehst nur Papiere und Akten,
Nummern und Formulare,
und nie ahnst du dahinter ein menschliches Gesicht.
Du sitzt an der Arbeit, und wenn dein Mund aufgeht,
werden die Kollegen und die Untergebenen angebellt.
Du sitzt im Büro, in der Schule, im Geschäft, im Laden,
und den ganzen Tag hast du keinen Menschen entdeckt,
nur sprechende Puppen.

**Suche in jedem Gesicht
den Menschen.**

Hab die Menschen gern,
die kleinen, die großen,
die schönen, die häßlichen,
die lustigen, die trockenen,
die geschickten, die ungeschickten,
die gelungenen, die mißglückten.
Deine Liebe wird ihnen guttun.
Du merkst ja selber auch gleich,
ob einer, der mit dir zu tun hat,
dich mag oder nicht.
Wenn einer dich mag,
kümmert er sich und ist freundlich,
alles wird anders, eine schöne Zeit.
So geht es auch den anderen,
mit denen du zu tun hast.

Liebe gibt es nu

Ich muß dir nochmals sagen:
Das Glück hat nicht viel zu tun
mit Reichtum und Besitz.
Das Glück kommt niemals
per Postscheck und Girokonto.
Kaufen kannst du Unterhaltung
und Freizeitgestaltung,
aber ein zufriedenes, freies Herz,
das erst Freude an dem schenkt,
was du alles hast,
das kannst du nicht kaufen,
niemals und nirgendwo.

Es ist unbezahlbar!

„Frühling" rufen.
„Sonne" rufen.
Sich fangen lassen
vom Licht, diesem Wunder,
und vom Leben.

Sieh die Lerche,
wie sie hoch am Himmel singt.
Weißt du warum?
Weil sie keine Miete zahlen muß.

Sieh in den Himmel und singe,
weil dir die Sonne umsonst scheint.

umsonst

Ich mag einen,
der selber weiß,
daß er nicht alles weiß,
und der das nicht verheimlicht.

Ich mag keinen
von den Hochnäsigen,
die keine guten Menschen sind
und bestimmt keine guten Freunde.

Ich mag einen,
der seine kleine Größe kennt
und seine eigenen Schwächen
und der geduldig damit leben kann.

Babel

Ich bin bestürzt über die entsetzliche Ohnmacht der
Menschen, einander glücklich zu machen, einander zu
verstehen, einander zu gefallen, einander zu lieben.
Durch Presse, Radio und Fernsehen wird täglich eine
bald tödliche Dosis von Gemeinheit und Gewalttat,
von Hemmungslosigkeit und Unsinn verabreicht.
Versammlungen, Aufrufe, Demonstrationen, Protest-
aktionen scheinen die Verständigung nicht besonders
zu fördern.

Jeder will auf seine Weise an einer besseren Welt und
am Frieden herumkurieren. Keiner scheint bereit, Frieden zu stiften durch die Bereitschaft zur Versöhnung.
Keiner scheint bereit, sich selbst zu bessern. Jeder will

beim anderen anfangen. Jeder will anklagen, beschuldigen, zur Verantwortung ziehen. So sind wir in Babel gelandet. So sind wir vom Geiste Babels besessen, vom Geist der Verwirrung und Verfinsterung.

Können wir nicht versuchen, Stille zu schaffen, den Geist des Lichtes zu suchen, den Geist Gottes, den Geist der Liebe? Wenn dieser Geist anfängt, in unseren Herzen zu wohnen und zu wirken, werden wir auch seine Früchte ernten, wunderbare Früchte.
Sie tragen diese Namen:
Liebe, Fröhlichkeit, Friede, Geduld,
Freundlichkeit, Güte, Treue, Sanftmut,
Gleichmut und einfaches Wesen.

Wieviel ist 1+1?

Der Mensch ist keine Maschine.
In keinem Mechanismus geht er auf.
In keine Formel fängt man ihn ein.
$1 + 1 = 2$ mag mathematisch richtig sein,
beim Menschen stimmt das nicht.
Der Beste bringt es in seinem Leben
höchstens auf 1,9 oder 1,8.

Wenn einer weniger erreicht,
darf ich mich nicht wundern
und schon gar nicht anfangen,
ihn herunterzumachen.
Wenn einer sein Bestes getan hat,

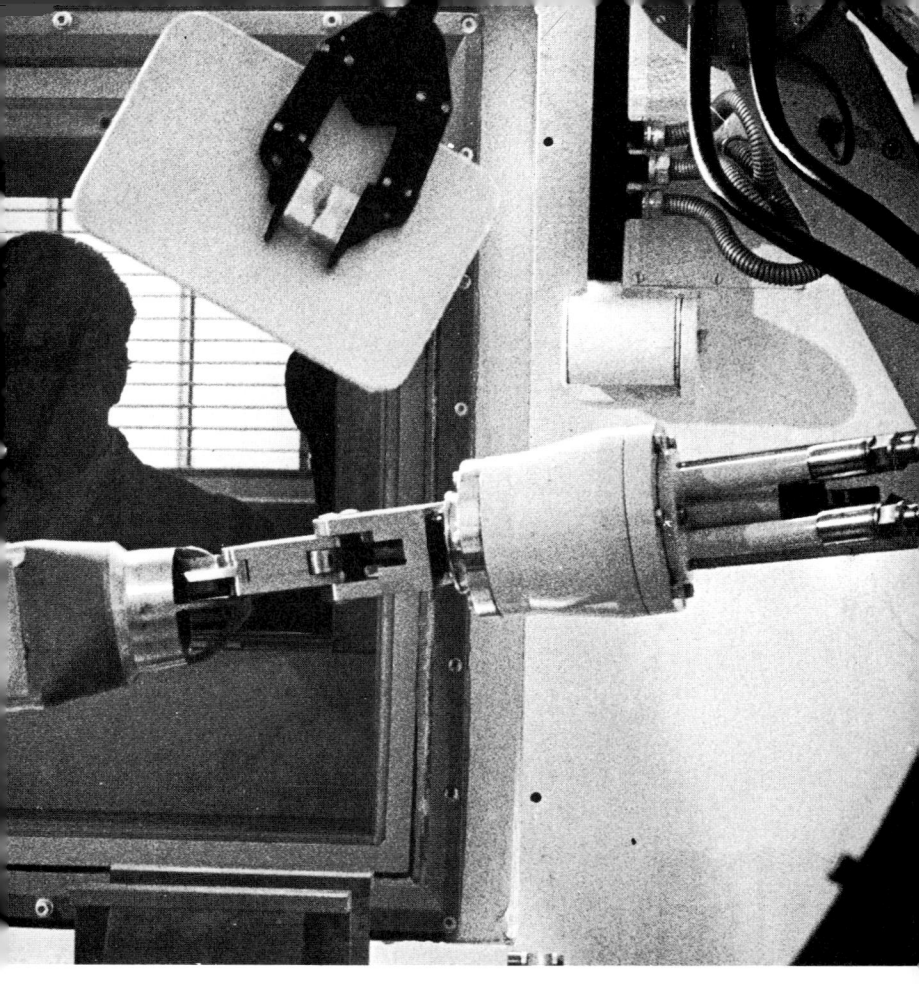

muß ich das anerkennen können,
wie das Ergebnis auch sei.
In dieser Zeit der elektronischen Maschinen
besteht Gefahr, daß der Mensch selber
zum Roboter reduziert wird,
der perfekt nach Programm abläuft.

Wenn die Gesellschaft die Menschen bedroht,
müssen die Menschen einander retten.
Mensch sein!
Überglücklich mit einem anderen Menschen,
auch wenn er ein Mensch ist
mit gebrochenen Flügeln.

Verliebt

Verliebt.
Ein wunderbares Gefühl.
Der Frühling im Herzen.
Alles wird anders, alles bekommt Farbe.
Wenn du verliebt bist,
wird alles schön und voller Sonne,
denn auf einem Auge bist du blind geworden,
blind für die schlechten,
häßlichen Seiten des Lebens.
Verliebtheit gibt es auf vielerlei Art,
aber eine haben wir
in unserer wirren, komplizierten,
problemgeschüttelten Gesellschaft
ganz besonders nötig:
Verliebtheit in einfache,
alltägliche Dinge.

Die Entdeckungen der jüngsten Zeit
sind keine Entdeckungen der Weisheit,
sondern der Geschwindigkeit,
die dich deinem Glück
keinen Schritt näherbringen.
Entdecke wieder die einfachen Dinge,
den Einklang der Freundschaft,
ein paar Blumen für einen Kranken,
eine offene Tür, einen gastlichen Tisch,
ein Ei essen oder einen Hering,
in einem Liegestuhl liegen
und in die Luft gucken,
einen Händedruck, ein Lächeln,
die Stille in einer Kirche,
die Malerei eines Kindes,
das Aufblühen einer Blume,
das Zwitschern eines Vogels,
die Pappelallee, den Bach,
einen Berg, eine Kuh ...

Das Leben wird ein Fest,
wenn du dich freuen kannst
an den einfachen alltäglichen Dingen.
Der Frühling kommt.
Ich bin verliebt in einfache Dinge.

83

Menschen macht es größte Mühe,
einander unablässig zu lieben.
Das ist auch in der Ehe so.
Nach einer ersten Lawine
der Beteuerungen von Liebe bis zum Tod
kommt die nüchterne Feststellung,
daß man doch nicht jeden Tag aufgelegt ist,
füreinander zu sterben.

Ohne Gesicht, ohne Herz

Ich will dich warnen vor der Kälte,
die unsere Menschenwelt überfällt
und in der so viele erstarren.
Menschen, die vereinsamt leben
in eisiger Wüste unter Menschen
wie Ameisen in Kaufhäusern,
auf Straßen, in Zügen, in Bussen,
in Wohnblocks und Hochhäusern.
Menschen ohne Gesicht und ohne Herz.

Wir sind voneinander ganz und gar abhängig
im Essen, in der Kleidung, im Wohnen,
im Verkehr, in der Erholung,
in allem, was man
durch ‚Bezahlen‘ bekommt.

Aber noch mehr sind wir voneinander abhängig
in unserem Glück.
Hier ist mit ‚Geld‘ nichts zu machen.
Glück hat mit ‚Herz‘ zu tun,
mit ‚Liebe‘ – und die gibt es nur
umsonst.

Er ist Liebe

In Augenblicken der Entmutigung,
der Schwäche, der Angst in deinem Leben,
ist es von größter Bedeutung,
einen guten Menschen zu treffen,
einen, der Verständnis hat,
der dich nicht anschnauzt,
der dich nicht abkanzelt,
sondern der dich aufrichtet
und dich zu trösten vermag.

Wir sind alle arme, schwache Menschen.
Wir sind keine engelgleichen Wesen
mit Flügeln und einem Haupt
hoch über der Erde in den Wolken,
Wesen, die spielend auf dem Hochseil
der Vollkommenheit wandeln.

Wir haben alle Verständnis,
Ermutigung und Vergebung nötig.
Und das ist die Gabe,
die wir uns immer wieder
im Namen Jesu von Nazaret anbieten sollen.

Kennst du ihn?
Viele kennen ihn dem Namen nach.
Wenige kennen ihn als Freund.
Er will die Menschen vom Bösen erlösen
und vom Ungeliebtsein.
Er hält zu den Armen und Sündern
und regt sich nur auf
über Reiche und Scheinheilige,
über Menschen, die meinen,
vollkommen zu sein
und so etwas wie Erlösung und Vergebung
nicht nötig zu haben.

Er sagt: „Wer ohne Sünde ist,
der werfe den ersten Stein."
Und er erzählt vom verlorenen Sohn,
der zurückkommt und der vom Vater
mit offenen Armen aufgenommen wird,
ohne zu fragen nach Wie und Warum,
und ohne Vorwürfe, im Gegenteil.
Jesus ist nicht wie die Menschen.
Er ist Liebe. Er macht ein Fest
für jeden verlorenen Sohn
und gibt dem guten Schächer das Paradies.
Für die Ehebrecherin schreibt er in den Sand.
Das verlorene Schaf nimmt er liebevoll
auf seine Schultern.
Nur einmal hat er aufgefordert,
von ihm zu lernen: „Lernt von mir,
ich bin gütig und selbstlos."

Diesen Jesus mag ich mehr, als ich sagen kann.
Er lebt für mich. Ich möchte so gern,
daß du ihn kennenlernst,
nicht als einen Freund in der Vergangenheit,
sondern als einen Freund,
der ganz in deiner Nähe lebt.

In jedem Menschenleben

Früh oder spät stößt du mit deinem Kopf gegen den häßlichen Querbalken, der dein Leben zu einem Kreuz macht. Du wirst krank. Du verunglückst. Ein geliebter Mensch stirbt. Dein Berufsweg wird durchkreuzt. Du wirst betrogen, im Stich gelassen durch den eigenen Mann, die eigene Frau. Man arbeitet gegen dich. Man macht dich fertig. Du kannst nicht mehr.

Dieser Querbalken kann alle Formen und Ausmaße annehmen. Er nimmt keine Rücksicht auf Titel und Position, auf Namen und Ansehen, weder auf die Dicke deiner Brieftasche noch auf deine Beziehungen oder deinen Erfolg bei den Menschen. Du bist glücklich, alles läuft wunderbar. Und plötzlich ... dieser schreckliche Querbalken. Er kann dir so zur Qual werden, daß du – zermürbt, zerschlagen – den Tod herbeisehnst.

Das Kreuz ist eine Realität in jedem Menschenleben. Aber immer weniger Menschen sind ihm gewachsen. Sie nehmen es nicht mehr hin und ertragen nicht seine Last. Viele gehen daran zugrunde. Nervenärzte und Psychiater bekommen immer mehr zu tun.

Du hast keine Wahl! Du trägst dein Kreuz, oder es wird dich erdrücken. Aber du kannst es nur tragen, wenn du Sinn und Aufgabe des Kreuzes begreifen lernst. Das Kreuz bringt dich zurück zu deiner Wahrheit, zu deinem wahren Maß eines armen, schwachen, verwundbaren, kleinen Menschenkindes. Das Kreuz kann dich aus den Dingen befreien, die dich zu ersticken drohen. Es kann dich lösen aus deiner Mittelmäßigkeit. Es ist wie eine Antenne, mit der du eine Nachricht von Gott empfangen kannst. Sie wird dich nicht von deinem Leiden erlösen, aber von der Sinnlosigkeit, der Unfruchtbarkeit des Leidens. Du kannst wieder ‚Mensch‘ werden, und dies kann dann geschehen:

Du siehst alles anders und viel besse

... mit Augen, die geweint haben.

Wo das Herz zu Hause ist

Du kannst nicht leben, wenn du keinen hast, der dich mag, der sich um dich sorgt, der etwas für dich empfindet, einen, dem du dich von Zeit zu Zeit anvertrauen kannst und bei dem du allezeit willkommen bist. Du kommst mit vielen Menschen im Leben zusammen, aber es sind nur wenige, die in dein Leben eintreten, die mit deinem eigenen Leben verwachsen, innig vertraut wie in einer guten Familie. Ich sage dir: eine Gnade, ein Segen, wenn es gute Menschen sind, Menschen, bei denen du geborgen, bei denen du mit dem Herzen zu Hause bist.

Ohne solche Menschen um dich wird dein Leben öde und unerträglich. Verstehst du, wie unheimlich es sein muß, wenn es in deinem Leben keinen einzigen Menschen gibt, der dich spontan mit offenen Armen aufnimmt? Und doch sind es heute unzählige, die keinen mehr haben, keinen, der sich mit ihnen abgeben will, keinen, der ihnen ein Stück Herz geben will. Auch ihr Herz hat seine Sorgen, auch ihr Herz braucht ein bißchen Wärme und einfühlendes, wohlwollendes Entgegenkommen. Kinder vor allem, die solche Güte nicht erleben, sind für ihr Leben gezeichnet. Die Heime sind voll von ihnen und später zum Teil die Gefängnisse.

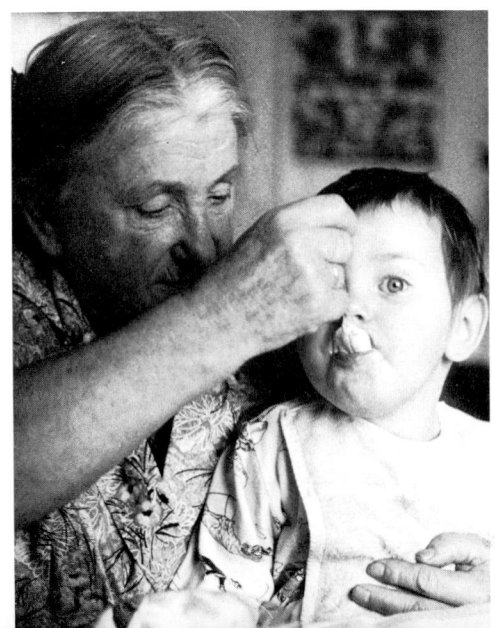

Ein Begriff
und viel Verwirrung

‚Freiheit' ist ein Begriff, über den bei Erwachsenen genauso wie bei Jugendlichen die größte Verwirrung herrscht.

Im Namen der ‚Freiheit' nehmen es verheiratete Männer und Frauen mit der Treue nicht so genau, kümmern sich Kinder einen Dreck um ihre alten Eltern, leben Verliebte wie Verheiratete, werden die größten Lügen in Sensationsblättern gepriesen, verkriechen sich Menschen in ihr Schneckenhaus, wenn die Not vorüberzieht. Man lebt nach den Launen seiner Gefühle, nach dem Maßstab seiner Allüren. Das ist die Freiheit, der Egoisten huldigen. Sie führt direkt in den Dschungel, in dem die Tyrannei des Stärksten herrscht, des Verschlagensten, des Brutalsten.

‚Freiheit' ist nur sinnvoll und wertvoll in einem Klima der Liebe. Denn an erster Stelle geht es in dieser Welt nicht um Freiheit, sondern um Liebe. Wer liebt, liefert sich aus, gibt anderen Macht über sich, gibt anderen ein Stück seiner Freiheit. Die Liebe macht frei für das Gute, für das Schöne, für echte, tiefe Lebensfreude.

Wer im Bauch des Goldenen Kalbes wohnt,
sitzt in einem ungemütlichen Gefängnis.
Wer hat ihn so bestraft?
Kein anderer als er, er ganz allein.

Einsamkeit

Man kann allein sein, ohne einsam zu sein. Du kannst unverheiratet sein und dich ganz geborgen und glücklich fühlen. Und du kannst verheiratet sein und mit tausend Menschen zusammenkommen und dich dennoch schrecklich einsam fühlen.

Einsamkeit ist ein inneres Leiden, das man nicht heilt, indem man Menschen zusammenklebt. Mehr denn je sitzen Menschen aufeinander in Hochhäusern, Einkaufsstraßen, Supermärkten, in Vergnügungszentren, in Ferienkolonien. Und gerade da wird die Einsamkeit noch viel schärfer und belastender erfahren. Die Einsamkeit, die so viele heute heimsucht, erwächst aus einer geistigen Leere, aus Unsicherheit, Ungeborgenheit. Auch die meisten Psychiater stehen machtlos davor, und viele Menschen haben nicht das Geld für eine psychiatrische Behandlung. Man bietet Erleichterung, aber selten Heilung. Der Therapeut hat keine Macht

über die Grundwurzeln der modernen Einsamkeit. Sie sind geistiger Art. Hier muß der Mensch sich selbst heilen.

Es geht um Geist und Herz, um geistige Geborgenheit, die nur möglich ist in einem Klima echter Liebe. In dem Maße, wie man sein Herz an Luxusgerümpel verkauft hat, scheint man zu dieser Art Liebe unfähig zu sein. Man hat Angst vor der Stille, vor der Gelassenheit in Gott, vor dem Gebet. Man flieht in die Betäubung, man sucht in der Finsternis. Man ist nirgends mehr zu Hause. Man steht überall draußen, in der Kälte. Und man kann keinem mehr Geborgenheit bieten, ein Daheim.

Umkehren zu Gott wie zu einem Vater, der deinen Namen auf seine Hand geschrieben hat,

Umkehren kann hier Wunder wirken.

Täglich
miteinander leben

Ich sitze immer an der Frage:
Warum halten die Menschen
die Liebe nicht durch?
Warum wird es so schwer,
wenn man täglich miteinander lebt?
Ich glaube, daß wir uns selbst
zu gern beschwindeln.
Wir beschwören, den anderen zu lieben,
und lieben in Wirklichkeit
uns selbst, unser eigenes Ich.

Man verlangt vom anderen zuviel.
Der andere soll freundlich sein.
Der andere soll mich bewundern,
mich auf Händen tragen,
für mich durchs Feuer gehen.
Er darf keine schlechten Launen
und keine schwachen Seiten haben.
Wehe, wenn er mich kritisiert.
Die kleinste Enttäuschung,
und mein Herz ist tief geknickt.

Wir denken zuwenig daran,
was wir dem anderen schuldig sind,
was wir ihm geben können,
was wir für ihn tun können.
Sage nicht zu schnell:
„Du liebst mich nicht."
Solange du nicht selbst
alles gegeben hast.

Heraus aus dem Dschungel

Wenn ich mit Menschen und mit ihrem Elend zusammenkomme, habe ich oft das Gefühl, in einen Dschungel zu geraten. Ich sehe, wie Menschen fertiggemacht und kaltlächelnd zertreten werden.

Die modernen Barbaren können elegante Herren in glänzenden Büros sein. Sie bedienen Kommandoknöpfe, sie regieren mit Unterschriften, und ihre lautlosen Waffen liegen im Tresor. In der Geschäfts- und Finanzwelt sitzen Gangster, die darauf spezialisiert sind, aus den Kleinen und Schwachen gnadenlos das Letzte herauszuholen.

Auch in der Welt der Kranken, der Alten und der Behinderten, der Entgleisten und der Hilflosen, die anderen völlig ausgeliefert sind, gibt es eine Art von Ausbeutung, die grauenhaft ist. Menschen in Not sind besonders empfindlich. An ihnen der Habgier zu frönen ist besonders unmenschlich. Im Umgang mit ihnen ist Liebe das Wichtigste und nicht das Geld.

Wenn es mein Beruf ist, für Kranke, Alte, Behinderte zu sorgen, muß ich zuallererst den Notleidenden sehen und ihn lieben. Dienen ist hier unendlich wichtiger als verdienen. Wer hier nur ans Verdienen denkt, macht sich einer besonders gemeinen Ausbeutung schuldig.

Mehr denn je

Wenn die höchsten Lebenswerte bedroht sind, brauchen wir die Frauen mehr denn je, auch außerhalb der Familie: die verheirateten und die unverheirateten Frauen, nicht um auf Riesenplakaten auszuposaunen, wie glücklich sie sind mit noch weißerer Wäsche, noch frischerer Zahnpasta, noch besser sitzenden BHs. Keine wirklich emanzipierte Frau wird über Weiblichkeit als Reklame- und Sexartikel in Entzücken geraten.

Die Frau hat eine unendlich größere, umfassendere und wichtigere Bestimmung. Ihre wahre Fruchtbarkeit – menschlich, geistig – muß wieder gewürdigt werden. In einer Welt der Männer, die an Industrie und Technik denken, an Produzieren und Verkaufen, an Geschäft, Macht, Konkurrenz, ist die Frau einfach unentbehrlich. Ihre geheimnisvolle Menschlichkeit, ihr Sinn für die kleinen, einfachen Dinge, ihr zarter Umgang mit allem Zerbrechlichen, ihr Einfühlungsvermögen, ihre Mütterlichkeit machen das Zusammenleben zu einem Fest. Jede Frau hat eine große, unersetzliche Aufgabe in dieser Welt, solange sie selbst noch nicht zermahlen ist im Räderwerk der Produktionsmaschinerie. Die Frau wird in der Welt von morgen eine entscheidende Rolle spielen, um die Gesellschaft, die zu den Armen und Schwachen so ungastlich ist, umzugestalten in ein liebevolles Zuhause für alle.

Muttertag

In der großen Welt
der leitenden und leistenden Männer,
der regierenden und kriegführenden Männer
haben die Mütter einen schweren Stand.

In der kalten Welt
der Automaten und Computer,
der Supermärkte und der Selbstbedienung
zählen Mütter nicht.

Muttertag!

Dieses herzliche Fest, das Kinder
mit ihrer fröhlichen Phantasie
der Mutter bereiten,
ist ein lebendiger Protest
gegen die Verschwendungsgesellschaft
mit ihrem geschändeten Bild der Frau.

**Wenn du Zeit hast
für einen Menschen,
dann sieh nicht
auf die Uhr.**

Trost

Ohne Trost kannst du nicht leben.
Trost ist aber nicht
Alkohol, Schlafmittel, Spritze,
die dich vorübergehend betäuben
und dich dann hineinstürzen
in eine noch schwärzere Nacht.
Trost ist keine Flut von Worten.
Trost ist wie eine lindernde Salbe
auf eine schmerzende Wunde.
Trost ist wie eine unverhoffte Oase
in einer unbarmherzigen Wüste –
du kannst wieder an das Leben glauben.
Trost ist wie eine sanfte Hand
auf deinem Kopf,
die dir zur Ruhe verhilft.
Trost ist wie ein gütiges Gesicht in deiner Nähe
von jemandem, der deine Tränen versteht,
der auf dein gequältes Herz hört,
der bei dir bleibt
in deiner Angst und deiner Verzweiflung
und der dich hinweist
auf ein paar Sterne.

Woran du zugrunde gehst

Menschenskind,
deine ganze Vergangenheit
hast du schon auf dem Buckel,
und du willst dir auch noch
deine ganze Zukunft aufladen?
Das ist viel zuviel.
Du bekommst zu leben in Portionen
von vierundzwanzig Stunden.
Warum denn alles auf einmal?
Dafür bist du nicht geschaffen.
Das macht dich fertig.

Fieber

Warum mach' ich so ein böses Gesicht
wenn ich mal die Bahn verpasse
und ein Stück laufen muß?
Ich weiß doch:
In manchen Ländern laufen Menschen
den ganzen Tag zwischen Wagendeichseln
für eine Handvoll Reis.

Warum stöhne ich über Unpäßlichkeiten
und mache mir Sorgen
über eine Runzel, eine Sommersprosse?
Ich weiß doch:
Tausende leiden an ihrem Körper
unter einer unheilbaren Krankheit,
und Tausende werden gefoltert
wegen ihrer Überzeugung, ihrer Hautfarbe
oder wegen nichts und wieder nichts.

Warum bin ich am Schimpfen,
wenn ich mal anstehen muß,
warten, durch den Regen laufen?
Denke ich denn nicht an die anderen,
die keine Beine haben
oder im Bett bleiben müssen
und die überglücklich wären,
könnten sie noch einmal anstehen,
warten, durch den Regen laufen?
Und wenn ich mein Essen nicht pünktlich habe,
vergesse ich dann, daß Millionen
niemals an einem gedeckten Tisch sitzen?

Wir sind komische, verrückte Leute:
Wir versauern uns und anderen
das Leben mit Lappalien,
während wir jeden Tag aufs neue
heilfroh und dankbar sein müßten
für so viele gute Dinge, die wir nicht verdienen.

Wir haben Fieber, und unser Fieber heißt:
krankhafte Selbstsucht.

Von Zeit zu Zeit
mußt du lernen,
blind zu fliegen
wie Piloten im Nebel.
Du weißt, was du jeden Tag
gewöhnlich zu tun hast.
Tu es blindlings.
Ohne zu denken.
Ohne zu grübeln.
Vertraue blind
der Führung eines anderen.
Hab Geduld,
hab viel Geduld
auch mit dir selbst.

Womit Liebe zu tun hat

Wer weiß heute noch, was LIEBE ist – Liebe groß-
geschrieben? Hat das Wort nicht häßliche Fingerab-
drücke abbekommen von gewissenlosen Geschäfte-
machern? Haben ihre Text- und Bildprodukte etwas
mit Liebe zu tun?
Werden die Wege zum Menschen, zum Herzen, zur
Kultur nicht verwandelt in Kloaken?
Wer weiß heute noch, daß ‚Liebe‘ zu tun hat mit ‚Gabe‘
und ‚Hingabe‘, mit der tiefen Freude, für den anderen
dazusein und für ihn ein Herz zu haben, mit zartem Einfühlungsvermögen, mit Freundlichkeit und Bereitschaft
zu verzeihen und Verzicht auf Gewalt, mit Frieden? Wer
weiß heute noch, daß ‚Liebe‘ zu tun hat mit Verant-
wortlichsein?

Das schönste Geschenk

Was ich am schwersten geben kann,
muß ich als erstes geben: vergeben.
‚Vergebung‘, ja, das ist es.
Ich muß vergeben, immer wieder neu vergeben.
Wenn ich aufhöre zu vergeben,
steht sofort eine Mauer da.
Und eine Mauer ist der Anfang
von einem Gefängnis.
Ich muß in meinem Leben zweierlei
vor allem tun: ‚verstehen‘ und ‚vergeben‘.

Ich kenne viele Menschen
und die Geheimnisse vieler Menschen.
Und ich bin immer mehr überzeugt,
daß keine zwei Menschen gleich sind.
Jeder Mensch ist eine Welt für sich.
Er lebt und fühlt und denkt
und reagiert von seiner eigenen Welt aus,
deren tiefster Kern mir immer fremd bleibt.
Darum entstehen zwischen den Menschen
fast unvermeidliche Kontaktstörungen,
Reibungen, Spannungen, Zusammenstöße.
Nur wenn ich begriffen habe,
daß der andere ‚anders‘ ist,
und wenn ich bereit bin, zu vergeben,
ist Zusammenleben möglich.
Andernfalls gibt es nur
einen Zustand gegenseitiger Belagerung,
und ich lebe tagaus, tagein
in einem heißen oder kalten Krieg.

Es gibt so günstige Gelegenheiten,
Frieden zu schließen, Streit auszuräumen.
Ich habe so oft Gelegenheit,
ein Geschenk zu machen,
ein Kärtchen zu schicken,
einen einzuladen zum Zeichen,
daß ich ihm wieder gut sein möchte.
Wenn der erste Schritt –
der schwerste – gemacht ist,
wird der Rest ein ‚Fest‘.
Der erste Schritt: Vergebung.
Das schönste Geschenk!

Geborgenheit

Jeder Mensch, der auf die Welt kommt,
ist sein Leben lang auf der Suche
nach Geborgenheit.
Er will ein Zuhause finden,
ein bißchen Sicherheit und menschliche Wärme.
Wer keine Geborgenheit findet,
ist ein angeschlagener, unglücklicher Mensch,
einer, der sich nicht wohlfühlt
in seiner eigenen Haut.

Ein Kind muß bei Vater und Mutter
verläßliche Geborgenheit finden.
Verstehst du die Verantwortung
von zwei Menschen,
die ein Kind zur Welt bringen?

Ein junger Mann sucht Geborgenheit
bei einem jungen Mädchen und umgekehrt,
und zwei Menschen suchen beieinander
Geborgenheit in der Ehe und in der Freundschaft.
Der Grund aller Geborgenheit ist: Liebe.

Lieblosigkeit und Selbstsucht
zerstören jegliche Geborgenheit
und machen die Menschen wurzellos,
nirgends zu Hause und niemals zufrieden.
Es ist das Verhängnis unserer Zeit,
daß wir keine Geborgenheit mehr
uns gegenseitig bieten können.

Wir können einander nicht mehr aufnehmen
und ein Zuhause geben,
weil wir die ‚Liebe' verlernt haben,
weil wir den Ursprung aller Liebe,
Gott, verlassen haben.
Wir sind selbst nicht mehr geborgen.

Mit dem Herzen
rechnet ein Computer nicht

Mensch sein, ein guter Mensch sein, das ist das Wichtigste in dieser Welt. Aber wen interessiert das?

Gut sein setzt einiges voraus: einfache, freundliche und freiwillige Bereitschaft zum Dienen und eine bestimmte Portion von Sich-selbst-Vergessen. Und wer ist schon darauf scharf? Solche Sachen haben nie Saison. Unser Geschmack ist das nicht.

Laut ertönt da und dort der Ruf nach einer neuen Gesellschaft, nach einer reformierten Welt, aber selten hört man etwas über solche unentbehrlichen Grundlagen. Darum bleiben die Reden über Gesellschaftserneuerung und Strukturreformen irgendwo in der Luft hängen. Sie werden unglaubwürdig, und die Menschen merken im Alltag nichts davon.

Die große Welt hat nur einen Blick für die großen Dinge, für die Dinge, die auffallen, die in der modernen Wertskala ganz oben rangieren: Karriere, Ansehen, Vermögen. Gefragt sind nicht dein Gutsein, deine Einfachheit, deine Bereitschaft zum Dienen, sondern deine Examen und Diplome, deine Titel, dein Ehrgeiz, deine Funktionen. Gefragt ist das technisch-wissenschaftliche Anpassungs- und Leistungsvermögen. Möglichst immun bleiben für menschliche Gefühle, wie Mitleid, Verständnis, Sorge für andere, Aufmerksamkeit für Menschen in Not. Das ist die Gefahr, die uns bedroht in dieser überorganisierten, überverwalteten Gesellschaft.

Mit dem Herzen rechnet ein Computer nicht. Wäre es sonst möglich, daß soviel entsetzliche Not in dieser Welt weiter besteht? Die Guten haben keine Macht. Macht und Verfügungsgewalt liegen bei den Größen der Erde, die noch immer so tun, als wären die Güter der Erde ihr Privateigentum.

Laß dich nicht entmutigen. Werde ein guter Mensch, werde ein ganz guter Mensch, dann wird das Stückchen Welt, in dem du lebst und arbeitest, doch ein besseres Stückchen Welt.

Wenn du müde bist,
wenn du mit der Umgebung Krach hast,
wenn du keinen Rat mehr weißt,
wenn du dich todunglücklich fühlst,
dann denke an die schönen Tage,
als du lachtest und tanztest,
als du zu jedem freundlich warst,
ohne Sorgen wie ein Kind.

Vergiß die schönen Tage nicht!
Wenn der Horizont verfinstert ist
und keine Spur von Licht,
soweit du sehen kannst,
wenn dein Herz total verstimmt ist
und vielleicht voll Bitterkeit,
wenn scheinbar alle Hoffnung
auf neue Freude und neues Glück
zusammengebrochen ist,

Vergiß die schönen Tag

dann suche sorgsam die schönen Tage
in deiner Erinnerung auf.
Die Tage, da alles gut war
und kein Wölkchen am Himmel,
da es einen gab, bei dem du
dich zu Hause fühltest,
da du von dem begeistert warst,
der dich jetzt enttäuscht hat
und vielleicht betrogen.

Vergiß die schönen Tage nicht!
Denn wenn du sie vergißt,
kehren sie niemals wieder.
Fülle deinen Kopf mit fröhlichen Gedanken,
dein Herz mit Versöhnlichkeit,
Güte, Freundlichkeit, Liebe
und deinen Mund mit einem Lachen –
und alles wird wieder gut.

nicht

Erziehung

Was an den Schulen aller Arten vor sich geht, ist nach meiner Überzeugung wichtiger und für die Zukunft entscheidender als die Aktivitäten in Fabriken, Betrieben und Büros. Was dort geformt oder verformt, gebildet oder mißbildet wird, sind Menschen. Wenn es nur um den Verstand geht, um das vollgestopfte Gehirn, macht man perfekte Roboter, aber keine Menschen. Schulen und Universitäten, wo Professoren, Lehrer und Lehrerinnen gegen Bezahlung nur irgendwelche Spezialkenntnisse weitergeben, arbeiten am geistigen Bankrott der Gesellschaft.

Erziehen heißt nicht nur den Verstand züchten, sondern den ganzen Menschen bilden, also auch sein Herz und seinen Charakter. Erziehen heißt: von Generation zu Generation geistige Werte weitergeben, die dem Leben Sinn und Inhalt geben. Solches Weitergeben geschieht nicht nur mit Worten, sondern vor allem dadurch, daß diese Worte sichtbar und greifbar werden in der eigenen Lebenshaltung. Erziehen ist eine gemeinsame Aufgabe von Eltern, Schulen, Universitäten, Presse, Radio, Fernsehen, öffentlicher Meinung. Erziehen: eine schwere Verantwortung.

Liebe und Sexualität

Der Leib wird wieder geschätzt.
Unser Leib ist kein Esel,
aber auch keine Puppe zum Verhätscheln.
Mit unserem Leib sind wir einander nahe,
können wir einander begegnen
in Freude und Freundschaft.
Ohne Leib sind wir nirgendwo.
Ein Glück, daß die Sexualität aus der Dunkelkammer der Tabus herausgeholt wurde.
Sexualität ist etwas tief Menschliches,
wertvoll für die Entfaltung des Menschen.
Sexualität ist eine seltsame Macht,
die durch Verdrängung oder Mißbrauch
zu Unruhe, Verwirrung und Angst führt.
Sexualität ist nicht Ziel des Lebens
und auch nicht seine Erfüllung.
Von sich aus bietet sie keine Geborgenheit.
Gesunde menschliche Sexualität
ist nur voller Freude und Sinn,
wenn die Luft voller Liebe ist,
wenn die Hände keine Greifer sind,
sondern Zeichen von inniger Zartheit,
wenn der Leib voller Seele,
frei von Ängsten und Begierden,
ein leuchtender Hafen, ein Haus voller Frieden,
das tiefe Geborgenheit bietet.
Schrankenlose Freiheit in der Sexualität
führt auch in der Ehe ins Vakuum der Liebe,
weil schrankenlose Freiheit
immer die Freiheit des Stärksten ist –
ein Dschungel von kaltem Egoismus,
wo es keine Rücksicht gibt
auf die Empfindung und Sehnsucht des anderen.
Pornographie ist ein Nichts an Liebe,
weil es keine Rücksicht auf den Menschen gibt,
weil Geist und Herz fehlen:
nacktes Fleisch, zur Schau gestellt
ohne Seele und Geschmack –
eine kümmerliche, deprimierende Angelegenheit.

Hast du niemals das Gefühl,
daß Kinder sich manchmal sehr wundern
über die Unbegreiflichkeit der Großen?
Wenn Erwachsene sich unterhalten,
geht es sehr oft um Zahlen.
Wollen sie einen kennenlernen,
dann fragen sie, wieviel er besitzt,
wieviel er verdient, wieviel Titel er hat
und wieviel Beziehungen.
Geht es um ein Haus, dann sagen sie bloß:
„eine viertel oder eine halbe Million",
und schon ersteht es vor ihnen.
Schon wissen sie, was für ein Haus das ist.

Wenn man Kindern von einem Freund erzählt,
fragen sie: „Sammelt er Schmetterlinge?
Kann er auf den Fingern pfeifen?
Kann man mit ihm spielen?"
Geht es um ein Haus, dann fragen sie
nach der Farbe, nach den Blumen am Fenster.
Sie werden fragen:
„Sitzen da Tauben auf dem Dach?
Gibt es auch einen Kanarienvogel?"

Wo Kinder auftauchen,
bekommt alles ein frisches, natürliches Gesicht
voller Farbe, Wärme, Leben.
Große Leute verstehen nichts davon.
Sie sind nun einmal so.
Sie reden vom Verdienen,
sie machen sich immer Sorgen um das Geld.
„Darum müssen Kinder
mit den Großen viel Geduld haben",

sagt der Kleine Prinz.

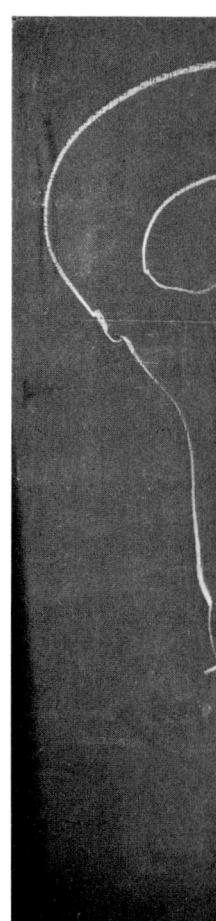

Kinder
müssen mit den Großen
viel Geduld haben

Jeden Tag als eine Gabe,
ein Geschenk annehmen
und, wenn möglich, als ein Fest.
Steh morgens nicht zu spät auf.
Schau in den Spiegel und lach dich selber an
und sag „guten Morgen" zu dir,
dann bist du schon in Übung,
um es auch anderen zu sagen.

Wenn du die Zutaten von „Sonne" kennst,
kannst du sie selber machen,
so gut wie das tägliche Essen.
Nimm eine große Portion Güte,
dazu einen ordentlichen Schuß Geduld,
Geduld mit dir selbst und mit anderen.
Vergiß die Prise Humor nicht,
um die Mißerfolge zu verdauen.
Mische ein gehöriges Maß Arbeitslust hinein
und gieße über alles ein großes Lächeln,
und du hast jeden Tag Sonne.

Jeden Tag
Sonne

Du bist kein Pessimist, wenn du verzagst,
weil in deinem Herzen eine offene Wunde schmerzt,
weil eine Woge von Enttäuschungen dich niederschlägt.
Du bist noch kein Pessimist, wenn du erschüttert wirst
durch das unerträgliche Leid so vieler Unschuldiger,
durch die Gewalt und das Unrecht in der Welt.

Pessimist ist einer,
der ständig in der Dunkelkammer sitzt
und immer nur „Negative" entwickelt.
Wenn die Sonne scheint, sagt der Pessimist:
Es wird schon wieder regnen.
Wenn es gutgeht, sagt der Pessimist:
Es wird schon noch anders kommen.
Ist einer lieb und freundlich, fragt der Pessimist immer:
Was da wohl dahintersteckt.
Ein Pessimist sieht schlecht,
weil er niemals schöne Dinge sieht.
Ein Pessimist hört schlecht,
weil er niemals gute Nachrichten hört.
Er liebt Kälte mehr als Wärme.
Er fühlt mehr Schmerz als Freude.
Für ihn ist alles dunkel, öde, trübe und tief traurig.
Niemals dreht er die Medaille um.

Medizinische Diagnose:
„Pessimismus hat nachteiligen Einfluß
auf Blutdruck und Verdauungsapparat."
Konsequenz:

„Optimisten leben länger als Pessimisten."

Und die Moral von der Geschichte:
„Pessimisten leben nicht,
sie sind schon lange tot.
Sie haben sich begraben lassen,
bevor sie noch gestorben sind."

Da gibt es nur einen Weg

Nichts kann dich so belasten,
wie die Unfähigkeit zu vergeben.
Nichts quält dich mehr,
als Tag und Nacht zu leben
mit dem spitzen Stein des Hasses
in deinem Herzen.

Ich kann das verstehen.
Da hat dir einer, und es waren vielleicht viele,
Unrecht getan, etwas Böses,
und in deinem Innern bist du
allmählich kälter, härter geworden.
Du bist nicht mehr derselbe.
Du wunderst dich selbst.
Du bist nicht mehr so freundlich,
so gütig, so gelassen und so gut.
Deine Zuneigung ist umgeschlagen
in Hartherzigkeit.
Deine Sympathie in Antipathie.
Wo eine Verbindung war, ist jetzt ein Bruch.
Freundschaft wurde zu Feindschaft.
Deine Liebe wandelte sich zu Haß.
Und du leidest darunter.
Du fühlst dich gefangen.
Die Rolläden sind herunter.
Die Sonne bleibt draußen.
Das Leben wird schwer wie Blei.
Im Tiefsten deines Herzens
sehnst du dich nach Befreiung.

Da gibt es aber – glaub mir –
nur einen Weg: Vergebung.
Vergib! Das kostet viel, ich weiß,
aber es ist seinen Preis wert.
Vergeben ist eine Form von Kreativität.

Vergeben heißt:
neues Leben und neue Freude wecken.

Vergeben schafft neue Möglichkeiten
in dir selbst und in den anderen.
Sehr oft sollst du vergeben:
„siebzigmal siebenmal", bis ins Unendliche,
denn selber hast du auch
so viel Vergebung nötig.

115

Geh in den Wald

Fuß aufs Gas und weiter, schneller?
Halt doch mal an und steig mal aus!
Geh in den Wald!

Eine Zigarette nach der anderen,
Bier, Wirtschaft, Lärm?
Komm doch mal nach draußen,
bevor du ganz gedörrt und geräuchert bist.
Geh in den Wald!

Der Kalender voller Termine,
Hetzjagd von einer Verabredung zur anderen?
Geh in den Wald!
Lebensmüde und eingeschlossen
in einer engen Welt von Dingen,
die übertrieben oder überflüssig sind?
Geh in den Wald!

Da ist es Frühling. Da warten die Bäume auf dich.
Herrliche Bäume, die schweigend
von der Stille zehren und von dem Saft,
der bis in die letzten Zweigspitzen steigt.
Da singen die Vögel für dich.
Wo bleibst du, ihnen zu lauschen?
Hier ist Ruhe, unsagbarer Frieden.

Du willst intensiv leben?
Intensives Leben ist kein gejagtes Leben,
tagein, tagaus gehetzt,
ständig unter Druck,
immer hundert drängende Sachen.
Du willst alles wissen, alles mitnehmen,
alles mitmachen, alles verdauen –
um Magengeschwüre zu bekommen?

Geh in den Wald! Leg dich unter einen Baum,
steck einen Grashalm in den Mund
und genieße seliges Nichtstun.
Dann kommen die besten Gedanken
und die schönsten Träume über dich.
Dann verschwinden die Probleme,
die du hinter deinen Wänden hast.

Geh in den Wald!
Da bekommst du einen klaren Kopf,
eine ruhige Seele und ein friedliches Herz.

Und du sagst zu mir: Wenn ich das doch könnte!
Und ich antworte dir: Du bist ja schon unterwegs!

117

Mensch, ich hab dich gern

Ein fremdes Wort, ein Wort zum Freuen?
Oder eine Illusion, eine Utopie?

Ich glaube an einen neuen Weltfrühling,
wenn jeder Soldat, wo immer gekämpft wird,
seine Waffen auf die Erde niederlegt
und zum sichtbaren
oder unsichtbaren Feind hinüberruft:
„Mensch, ich hab' dich doch gern.
Ich kann dich doch nicht umbringen.
Ich kann dir doch nichts Böses tun.“

Ich glaube an ein Meer neuer Möglichkeiten,
wenn sich der Reiche seines Reichtums schämt,
wenn er Macht und Besitz niederlegt,
zum Armen geht und sagt:
„Mensch, ich hab' dich gern!
Vergib mir! Ich nahm zuviel für mich.
Ich will mich zu dir an deinen Tisch setzen,
mit dem gemeinsamen Brot darauf
und mit Blumen des Friedens in der Sonne.“

Ich glaube an das Wunder,
daß in jedem Haus, jeder Straße, jeder Stadt
der eine zum anderen sagen wird:
„Mensch, ich hab' dich doch gern.
Ich will alle bitteren Worte
aus meinem Mund weglegen
und mein Herz mit Güte füllen
und meine Hände mit der Gabe der Freundschaft.“

Vergiß nicht: **Jeder Tag**
wird dir gereicht
wie eine Ewigkeit,
um glücklich
zu sein.

„Mensch, ich hab' dich gern" –
sag es weiter mit Worten oder ohne Worte.
Sag es mit einem Lächeln,
     mit einer Geste der Versöhnung,
     mit einem Händedruck
     mit einem Wort der Anerkennung,
     mit einer Umarmung,
     mit einem Kuß,
     mit einem Stern in deinen Augen.

Sag es weiter mit tausend
kleinen Aufmerksamkeiten,
jeden Tag aufs neue: „Ich hab' dich so gern."

Titel der niederländischen Originalausgabe
Phil Bosmans, Menslief, ik hou van je!
Vitaminen voor het hart.
© Uitgeverij Lannoo,
Tielt en Utrecht 1972.

Deutsche Übertragung: Ulrich Schütz

Fotos:
Konrad Boch (S. 22, 90, 96)
Horst-Rudolf Fischer (S. 117)
Sven Håkansson (S. 61, 80/81)
Wolfgang Haut (S. 25, 41, 70/71)
Thomas Höpker (S. 2, 11)
Wolf Huber (S. 16)
Oswald Kettenberger (S. 30/31, 45, 51, 76/77, 89, 98, 102/103,
    110/111, 112, 115)
Walter Kirchberger (S. 119)
Barbara Klemm (S. 34/35, 64/65, 69, 92/93)
Rolf Kunitsch (S. 52)
Wolfgang Kunz (S. 6/7, 38/39, 66, 75, 84, 106/107)
Guido Mangold (S. 82/83)
Stefan Moses (S. 18/19)
Toni Schneiders (S. 14/15, 27, 42, 54, 57, 79)
Peter Thomann (S. 48)
Abisag Tüllmann (S. 8, 46/47, 73)

Layout: Konrad Boch
Umschlagzeichnung: Helmut Baumgart

 1. Auflage September 1976
10. Auflage April 1977
20. Auflage April 1978
30. Auflage November 1979
35. Auflage April 1981
36. Auflage Februar 1982
37. Auflage Oktober 1982
38. Auflage April 1983
39. Auflage April 1984

Alle Rechte der deutschen Ausgabe vorbehalten
Printed in Germany
© Verlag Herder Freiburg im Breisgau 1976
Herstellung: Freiburger Graphische Betriebe
ISBN 3-451-17556-8